続縄文時代の銛頭

北海道では，縄文時代の各時期を通して開窩式の銛頭が主流を占めていたが，続縄文時代になると一転して閉窩式の銛頭が主流をなす。東北地方縄文後・晩期の銛頭の系譜をひくものと考えられるが，内容的には安定した形態，豊かな装飾性など，それまでの銛頭にはみられない「恵山式銛頭」とでもいうべき独得な銛頭に仕上げられてゆく。

構　成／大島直行
写真提供／札幌医科大学

▲伊達市有珠10遺跡出土銛頭
▼豊浦町礼文華貝塚出土銛頭

福島県薄磯貝塚の釣針・離頭銛

離頭銛（右端は弥生，他は縄文晩期）（海獣を対象とした銛漁に使用されたと推定される）

縄文晩期の薄磯貝塚の釣針・離頭銛は大型のものが多く，釣針には単式と結合式の2つのタイプがある。とくに結合式釣針は晩期中葉（大洞C_2式）に最盛期を迎え，弥生中期まで残存する。これらの釣針はマダイなど大型魚の釣漁に，離頭銛はアシカ・海ガメなどを対象とした銛漁に使用されたものと推定される。

構　成／大竹憲治
写真提供／いわき市教育委員会

大型単式釣針（晩期初頭）（マダイを対象とする釣漁に使用されたと推定される。全長7cm内外）

大型結合式釣針（右端・左下は弥生，他は縄文晩期）（マダイ・マグロなどの釣漁に使用されたと推定される）

結合式釣針出土状況（弥生中期）

弥生時代の上りヤナ

愛知県朝日遺跡では弥生時代後期の上りヤナが検出された。これは川を遡上する魚の習性を利用した漁法で弥生時代以降の漁業を考えるうえで重要である。

構　成／田中禎子
写真提供／愛知県埋蔵文化財センター

ヤナの検出状況（下流側〈南側〉から撮影）

ヤナの簀裏側の検出状況（上が上流）

朝日遺跡のヤナに類似した滋賀県彦根市犬上川のヤナ（右が上流。春から初夏にかけて，琵琶湖から遡上するアユを捕獲する）
（写真／田中禎子）

草野貝塚出土の漁具・骨角器

鹿児島県草野貝塚は錦江湾のほぼ中央部西岸，標高約40mの孤立したシラス台地縁辺の浸蝕溝に形成された縄文時代後期の貝塚である。市来式土器を主体とする貝層からは石器，骨角器，貝製品，軽石加工品など多様な遺物が出土し，南九州の縄文時代の様相を知るための貴重な資料となった。

構　成／出口　浩
写真提供／鹿児島市教育委員会

東区貝層断面（シラス台地縁辺の浸蝕溝に堆積）

垂飾状歯牙骨製品（メジロザメ属の歯製）

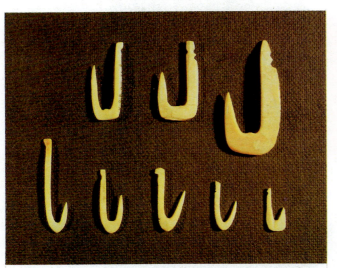

釣針（イノシシ犬歯製？）

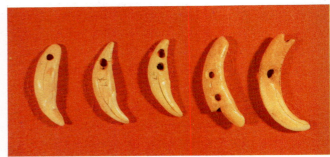

垂飾状歯牙骨製品（イノシシ・イヌの犬歯製）

舟形軽石加工品

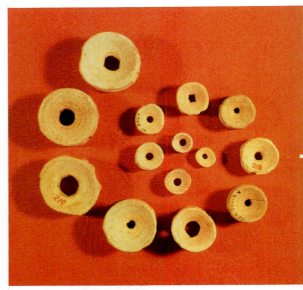

垂飾状歯牙骨製品（サメ椎骨製）

季刊 考古学 第25号

特集 縄文・弥生の漁撈文化

● 口絵(カラー) 続縄文時代の銛頭

　　　　　　　福島県薄磯貝塚の釣針・離頭銛

　　　　　　　弥生時代の上りヤナ

　　　　　　　草野貝塚出土の漁具・骨角器

（モノクロ） 三浦半島出土の漁具

　　　　　　　播磨灘沿岸のタコ壺漁とタコ壺作り

　　　　　　　朝鮮海峡の結合釣針

　　　　　　　琉球列島の貝製漁網錘

縄文・弥生時代の漁業 ──────────────渡辺　誠 *(14)*

漁撈文化の地域性

　錨石とチョウザメ ──────────────杉浦重信 *(21)*

　続縄文時代恵山式銛頭の系譜 ──────大島直行 *(26)*

　いわき地方の釣針と銛 ──────────大竹憲治 *(31)*

　那珂川流域の漁網錘 ──────────────上野修一 *(36)*

　三浦半島の弥生時代漁具 ──────────神澤勇一 *(41)*

愛知県朝日遺跡のヤナ	田中禎子	(45)
北陸地方の漁網錘	山本直人	(50)
瀬戸内のイイダコ壺とマダコ壺	中川　渉	(55)
西北九州漁撈文化の特性	山崎純男	(59)
南九州の縄文釣針	雨宮瑞生	(66)
琉球列島の貝製漁網錘	盛本　勲	(71)

最近の発掘から

弥生前期から室町時代の集落跡　香川県下川津遺跡	藤好史郎	(79)
大仏鋳造関係品の遺構　奈良県東大寺大仏殿廻廊西地区	中井一夫	(85)

連載講座　日本旧石器時代史

特別対談・旧石器時代から縄文時代へ(1)－岡村道雄・林　謙作	(87)

書評	(92)
論文展望	(94)
報告書・会誌新刊一覧	(96)
考古学界ニュース	(99)

表紙デザイン・目次構成・カット
／サンクリエイト

三浦半島出土の漁具

海蝕洞窟遺跡は神奈川県の三浦半島南半に約30ヵ所所在し，10ヵ所に弥生時代中～後期の専業的漁民の生活址が知られる。洞内には大量の灰と貝塚状の包含層が堆積し，多数の漁具のほか，貝庖丁・卜骨など特異な遺物が出土している。一部の洞窟では特殊な改葬墓も残され，沿岸地域居住者の生活実態を如実に伝える。

構　成／神澤勇一
写真提供／神奈川県立博物館

1 角製漁網錘出土状態（長4.4cm）

2 回転式離頭銛頭
（長6.9cm）

3 回転式離頭銛頭
（現長6.0cm）

4 固定式銛頭
（長6.7cm）

5 単式釣針
（長6.1cm）

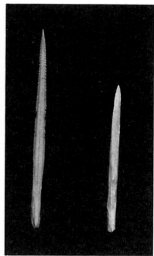

6 骨製ヤス頭　7 骨製ヤス頭
（長10.3cm）　（長7.7cm）

8 鏃形牙器
（長2.0cm）

9 鏃形貝器（貝鏃）
（長3.8cm）

10 イソガネ形角器
（長20.7cm）

11 イソガネ形角器
（長10.0cm）

12 イソガネ形角器　13 イソガネ形角器
（長11.0cm）　　（長8.9cm）

1・2・3・5・6・8・9・11 間口A洞窟遺跡
4 毘沙門B洞窟
7・10・12・13 毘沙門C洞窟遺跡

播磨灘沿岸の
タコ壺漁とタコ壺作り

タコ焼き発祥の地として有名な明石では、今なおタコ漁がさかんである。播磨灘に面したここ江井ヶ島でも、タコ壺漁とタコ壺作りが行なわれている。しかし最近では乱獲による資源の減少が深刻となっている。江井ヶ島でタコ壺作りをされている松野敏男さんを訪ねてみた。

構 成／中川 渉

江井ヶ島港
古くは魚住の泊と呼ばれた、奈良時代以来の港である。写真は10月頃で、干しダコ作りが行なわれている。

マダコ壺
江井ヶ島港では枝縄を口の方に結ぶが、近くの林崎港では底につくように結ぶ。最近はプラスチック製のタコ壺が幅をきかせ始めている。縄も昔はコールタールにつけた藁縄を用いたが、今はナイロンである。

イイダコ壺
最近は二枚貝のマンジュガイ（ウチムラサキ）を使っているが、以前は素焼きの壺・巻貝（アカニシ）などを用いていた。

窯焼き
10日間ほど乾燥させたあと窯に入れる。1回につき約500個焼ける。焼く際に岩塩をかけ、赤く発色させるとタコがよく入るといわれている。

ろくろによるタコ壺の製作
付近の水田の下からろくろ用の良質の土が採れる。数ヵ月ねかせたあと、ろくろで挽いて成形する。以前はイイダコ壺も作っていたが、今はマダコ壺のみである。

朝鮮海峡の結合釣針

西北九州型結合釣針のルーツは，韓国のオサンリ型結合釣針である。両者は材質や形態をやや異にするため，かえって交流の様子がよくわかる。石鋸着装の銛とともに，海峡をまたぐ活発な漁民の交流を示す好資料である。

構成／渡辺 誠

1. 韓国江原道オサンリ遺跡出土の頁岩製軸（縄文早期並行，ソウル大学校博物館所蔵）
2. 熊本県天草郡五和町沖ノ原貝塚出土の猪牙製針（縄文後期，五和町歴史民俗資料館所蔵）
3. 沖ノ原貝塚出土の鹿角製軸と猪牙製針（3に同じ）
4. 韓国慶尚南道上老大島遺跡出土の骨製軸（右）と骨製針。左下は西北九州型の猪牙製針（縄文後期並行，延世大学校博物館所蔵）

〈縮尺率はいずれも86％〉

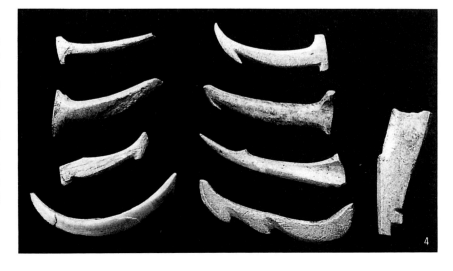

琉球列島の貝製漁網錘

多くの島嶼群から成る琉球列島は，種々の点で固有の文化を形成してきた。原始・古代以来の漁業文化においても，九州本土までの水域環境とは様相を異にすることから，孤立的で独自性が強い。その主体をなすのは，シャコガイなどの貝製漁網錘を用いた網漁業である。なかでも威嚇作用による「追い込み漁業」は，後世において世界的な雄飛をみた糸満漁業への発展へとつながっていく。

構成／盛本 勲

タカラガイ製漁網錘装着の現代の網（沖縄県立博物館蔵）

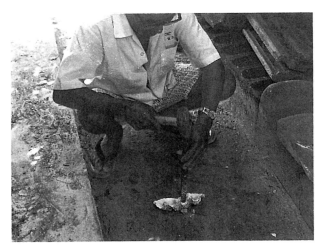

追体験によるシャコガイ製漁網錘の製作実験

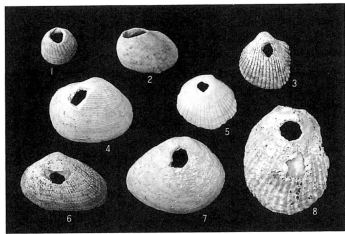

清水貝塚出土の貝製漁網錘

1 ソメワケグリガイ，2 リュウキュウサルボウガイ，3 カワラガイ，4 ヌノメガイ，5 クチベニツキガイ，6 リュウキュウマスオガイ，7 チョウセンハマグリ，8 メンガイ科

製作後のシャコガイ製漁網錘

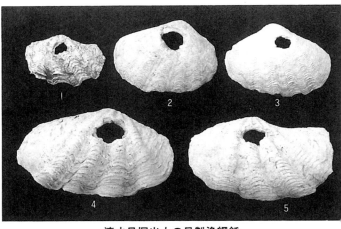

清水貝塚出土の貝製漁網錘

1 シラナミガイ(L)，2 ヒメジャコガイ(R)，3 ヒメジャコガイ(L)，4 シラナミガイ(R)，5 シラナミガイ(L)

シャコガイ製漁網錘装着の現代の網（沖縄県立博物館蔵）

季刊 考古学

特集

縄文・弥生の漁撈文化

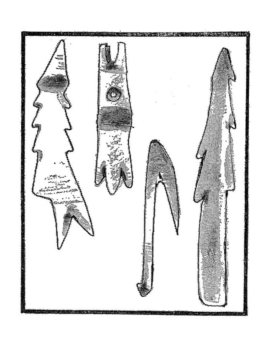

特集 ● 縄文・弥生の漁撈文化

縄文・弥生時代の漁業

名古屋大学助教授 渡辺 誠
（わたなべ・まこと）

縄文時代の漁業は狩猟や採集とともに主要な生業であったし，弥生時代には漁具も再編成され，新たな発展がみられた。そして漁具は東アジア諸地域と深い関係にあった

1 縄文文化の地域性と漁業の多様性

　日本列島における漁業の開始は，後期旧石器時代にさかのぼる可能性はあるが，現時点で確認できるのは縄文時代草創期からである。この時期におそらく北アジアから各種の漁撈技術が伝播し，後氷期にはいり環境が多様になった列島の各地において，各地域にもっとも適合した技術が特徴的に発達し，地域文化の多様性の展開に大きく関与している。

　寒冷気候の支配した氷河時代（後期旧石器時代）が終わって温暖化が進み，今日のような日本列島の環境条件の多様性が顕著になった時期は縄文前期である。農耕以前段階の縄文時代の主な生業は狩猟・漁業と植物採集活動であるから，それらの具体的な内容は環境条件の多様性を反映して多種多様であり，各地域に生活型を異にする小文化圏を形成せしめている。筆者はそれを9文化圏に分けているが，ここではとくに漁業に関連することのみに限定してそれぞれの地域的な特徴を記すことにする（図1）。

　まず第1・2と第3〜9の文化圏とはそれぞれ寒流域と暖流域とに対応し，漁具ばかりでなく水産資源も異なっている。前者に当る北海道と東北地方北部では，寒流域の海棲哺乳類を回転式離頭銛で捕獲しているのが特徴的である。回転式離頭銛は第3の文化圏に南下してマグロ漁用に変容し，釣針とともに，東北地方の太平洋岸の発達した外洋性漁業センターの代表的な漁具となっている。

外洋性漁業のセンターは，第8の西北九州にもう一つある。東北地方の太平洋岸と同じリアス式海岸であるが，多島海域であることや，韓国と関係が深いことなどに大きな特徴がみられる。

　これらの外洋性漁業に対して内湾性漁業の発達のセンターは，縄文海進によって複雑に入江の発達した第4の東関東地方である。網やヤスが主な漁具である。この網漁は縄文時代の場合外洋に向かっては発達せず，河川沿いに内陸に展開して淡水漁業を発達させているのが特徴的である。

　網漁業のもう一つのセンターはサンゴ礁の発達した沖縄地方であり，シャコガイなどを利用した貝製漁網錘はきわめて地域性が豊かである。

　そしてそれらの漁具はほとんどが隣接する東アジアの諸地域より伝播し，日本列島内で再発達する点に，縄文時代の漁業の大きな特徴があり，そこに水産日本のルーツを認めることができる。

（1） 回転式離頭銛の展開

　これは手追いになると海面下深く潜って逃げる習性をもつ，トド・アザラシ・オットセイなどの海獣漁用の漁具である。八戸市長七谷地貝塚などにみられるように，縄文早期後半には青森県下にまで南下してきている。周辺地域にはこれほど古い年代の回転式離頭銛は出土していないが，おそらく海獣の多い北太平洋で発達し，寒流に乗って南下してきたと考えられる。

　回転式離頭銛頭には数タイプがみられる。もっとも古く，かつ奈良・平安時代までみられるのは一王寺型（開窩式，図2-1）である。この材質は主にシカ類の管状骨である。しかしこれが縄文中期

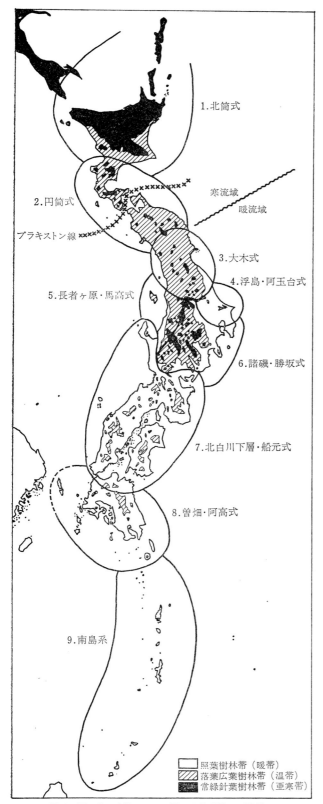

図1 縄文前・中期の小文化圏と自然環境との関係

に仙台湾まで南下すると南境型（同2）に変化し、材質も鹿角に変わるばかりでなく、捕獲の対象が黒潮に乗って初夏に北上してくるマグロ類に変わるのである。そして後期の沼津型（同3）を経て、後期末にはさらに燕形（同4）へと発達する。

南境型も沼津型も仙台湾から三陸海岸南部にかけて分布し、鹿角を板状に加工してから作るのであるが、燕形は鹿角の先端を利用して作る。これは並行して同じように板状にして作る釣針が発達するため、今まであまり利用していなかった角の先端を利用するようになったことによる形態変化と考えられる。

そればかりでなく、分布域がさらに南下するようになる。晩期中葉には磐城海岸を経て銚子、弥生後期には三浦半島、そして東海地方から日本海へ渡り、古墳時代前期には山陰地方にまで達している。これが古墳時代後期になると北部九州に達し、北九州市貝島古墳群や佐賀県呼子町鬼ノ口古墳（同5）にみられるように、鉄製品へと変化をする。これが民俗資料にみられるツキンボのルーツであり、近代の捕鯨船のキャッチャーボートにみられるものは、これがさらに大型化したものである（表紙写真参照）。

このような北から南にかけての大きな流れのほかに、興味深い二つの流れがある。

第1は、仙台湾で発達した燕形回転式離頭銛が続縄文時代に逆に北海道に北上し、そのうえ伝統的な一王寺型との折衷形態である恵山型（同6）まで形成している流れである。そしてこれが擦文時代などの半閉窩式（同7）を経て、アイヌ民族のキテとよばれる閉窩式の回転式離頭銛頭（同8）へと発達するのである。

第2は、伝統的な一王寺型回転式離頭銛がリマン海流に乗って朝鮮半島の東海岸を南下し、縄文後期には対馬の佐賀貝塚（図3）まで南下する流れである。これは後に記す西北九州型結合釣針のルーツとなった、韓国のオサンリ型結合釣針南下のルートでもある。ただしツキンボのルーツは、先に記した燕形である。

また関東・東北地方の鹿角製の固定銛（図2-9）や、西北九州の石錘着装の銛（同10）は、巨視的にみるとそれぞれ先の大きな流れと、第2の流れの外縁に発達していることが、きわめて注目されることである。

15

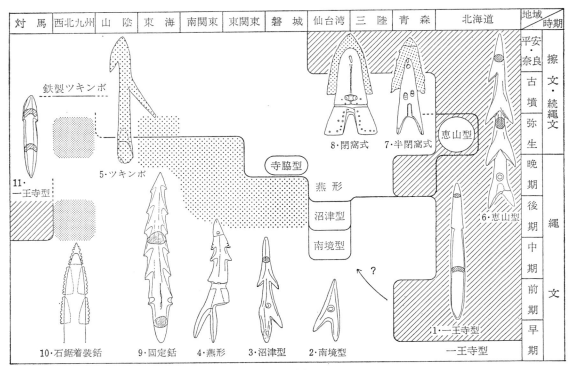

図2 回転式離頭銛の展開

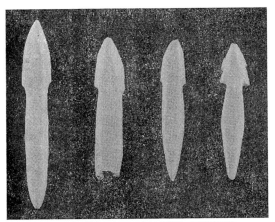

図3 対馬佐賀貝塚の一王寺型回転式離頭銛頭

（2）釣針の展開

　釣針には単式釣針と結合釣針の2群があり，それぞれかえしの形態や結合方法の違いによって，ともに7類に分類される（図4・5）。これらの時期・地域的な分布は図6に示すとおりである。

　列島最古の釣針は，縄文草創期の神奈川県夏島貝塚出土の単式釣針である。以後中期にいたるまで各地に散発的に分布している程度であるが，中期後半になると仙台湾を中心として各種の形態が出揃い，中型（3～5cm）に加えて大型（5～7cm）が増加し，分布密度も濃密になってくる。そして捕獲対象もマダイ・カツオ・マグロなどに集中するようになり，南境型離頭銛とともに外洋性漁業の重要な漁具となる。おそらくシベリアから伝播したと考えられる釣針は，ここに新たな発達を遂げることになるのである。

　そして後期から晩期にかけては大洞型・寺脇型などの超大型結合釣針を作り，一段とマグロ漁に比重をかけるようになる。鹿角では角の幹の太さ以上の単式釣針は製作不可能なために，結合釣針が開発されたのである。

　縄文時代の単式釣針の材質において，鹿角製品が主流になるのは前期からであり，それ以前あるいは縄文後期以降東北地方の影響を受けた北海道や西日本では，依然としてトドやイノシシの牙，またはシカやイノシシの管状骨を加工していることが多い。世界的にみても鹿角を利用することの方がむしろ特殊な現象とみるべきである。そしてこのことによって，中期以降の大型化や量産化が準備されたとみることができる。

　材質の制約を乗り越えることができるようになったのは，鉄製釣針の出現する弥生時代後期からのことである。しかし大型魚類を主要対象にするということにはまったく変化はなく，小型の鉄製

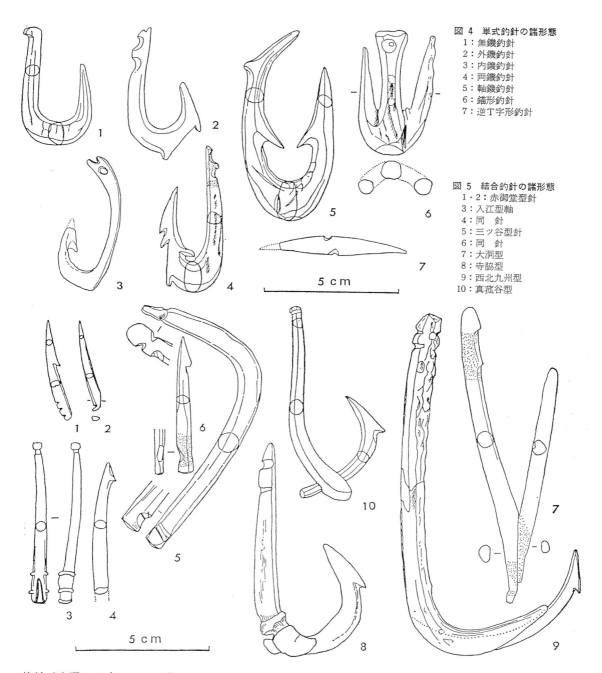

図 4 単式釣針の諸形態
1：無鐖釣針
2：外鐖釣針
3：内鐖釣針
4：両鐖釣針
5：軸鐖釣針
6：錨形釣針
7：逆T字形釣針

図 5 結合釣針の諸形態
1・2：赤御堂型針
3：入江型軸
4：同　針
5：三ツ谷型針
6：同　針
7：大洞型
8：寺脇型
9：西北九州型
10：真菰谷型

釣針が出現して今日のアユ釣りなどのように，河川で小型魚類の釣漁が行なわれるようになるのは中世以降のことである。

(3) 西北九州型結合釣針の意義

東北地方の結合釣針とは系譜を異にする結合釣針が，熊本県から山口県の一部に及ぶ西北九州の縄文時代前期から弥生時代前期にかけて発達している。列島に最初に伝播した上記の釣針とは異なり同じように北アジアから南下しながら，西北九州にのみ限定的に分布しているというきわめて顕著な特徴を示している。

この西北九州型は，韓国東海岸の江原道から慶尚南道にかけて分布しているオサンリ型結合釣針より変化した形態である。それらは縄文早期〜後期並行期にみられ，軸は頁岩製を主とし針は骨製である。これに対し前者は軸は鹿角製，針は猪牙製であり，結合方法にも若干差異がある。そのために両者が韓国の東南海岸から対馬にかけての地

沖縄	西北九州	九州	山陰	瀬戸内	中部	南関東	東関東	磐城	仙台湾	三陸	青森	北海道	時	期
	1·F	1	1·2·5·F	1·G		1·3		E				1·3·4	弥	生
	F				2			E					III	晩期
	↑							2·E	4	4	1·2·3		II	
								2	2·4	1·2·3·4·7·D	7·C		I	
7		1		2	1			1·2·3	1·3	1·2·3·7			III	後期
	F	1	1	2	1	2	1·2·3	1	2			1	II	
	F				1	1·2·3·4			1·2·3·6	1·2·3		1	I	
	↓				1	2		1·2·3	1·2·3·5·6	1·3		1·B	II	中期
							1			1			I	
	F					2				1·3	1·3	1	II	前期
				1	1	1·2	1·3						I	
		1									A		II	早期
		7	1·A										I	
						1								縄文草創期

図 6　釣針諸形態の時期・地域的分布表
単式釣針 (1：無鉤, 2：外鉤, 3：内鉤, 4：両鉤, 5：軸鉤, 6：錨形, 7：逆T字形)
結合釣針 (A：赤御堂型, B：入江型, C：三ツ谷型, D：大洞型, E：寺脇型, F：西北九州型, G：真菰谷型)

域で，重複しながら分布をしていることがよくわかるのである（図7）。

　これらのサイズも超大型ばかりで，マグロ・サワラ・シイラ・サメ類などの大型魚類をとっていたことがわかる。そして縄文前期以来の長い期間限定的に分布していた西北九州型結合釣針は，松江市西川津遺跡などにみられるように，弥生前期になると急に山陰地方などに分布域を拡大するのであり，西北九州の特殊な地域性を明示している。

　この韓国南海岸との漁民の密接な交流の上に，水稲栽培がもたらされたものと考えられる。列島最古の稲作は佐賀県唐津市菜畑遺跡の調査によって，縄文晩期のBC600年までさかのぼって確認されるようになった。その上晩期終末の福岡県志摩町新町遺跡出土の人骨は縄文的で，抜歯の風習をもつ低身長であることが最近報告されている。したがって従来のような，高身長の渡来人が稲作をもたらしたとは考えにくくなってきたのである。

　そしてこの新町遺跡などに顕著な支石墓の分布域が，西北九州型結合釣針の分布域とほぼ一致していることも，きわめて興味深いことである。高身長の渡来人はこの範囲とは異なり，西北九州型結合釣針分布域の半分に当たる佐賀県以東とされており，いわゆる弥生時代前期になってからのことである。もたらされたものは青銅器などの稲作以外のものとみるべきであろう。

（4）　網漁の展開

　網漁もまた釣針と同様に，おそらく北アジアより縄文早期に伝播したものであり，中期になって東関東を中心に大きく再発達したという特徴がある。その初期の網漁錘は廃物利用の土器片錘であるが，咸鏡北道の古い報告のなかに類例がみられることには注目される。

　縄文前期をピークとする縄文海進によって複雑に入江が展開した東関東では，中期になると土器片錘が爆発的に増加し，これをつけた網で浅海河口性のスズキやクロダイなどをとり，ハマグリなどの多い貝塚が広範に形成され，内湾性漁業のセンターが形成されるのである。そしてこの網漁は河川沿いに南北に伝播するが，決して外洋に進出することがなかったことも重要な特徴である。

　ただ砂浜から砂礫混じりの河川へはいると土器片錘では壊れやすいので，北では有溝土・石錘に，南では切目石錘へと材質や形態が変化する。この南への影響が後期になって沖縄地方に及ぶと，この地域に豊富な殻の厚いシャコガイなどの貝錘へと変化する。中国南部に特徴的な揚子江型土・石錘がこの地域にはまったくみられないこと

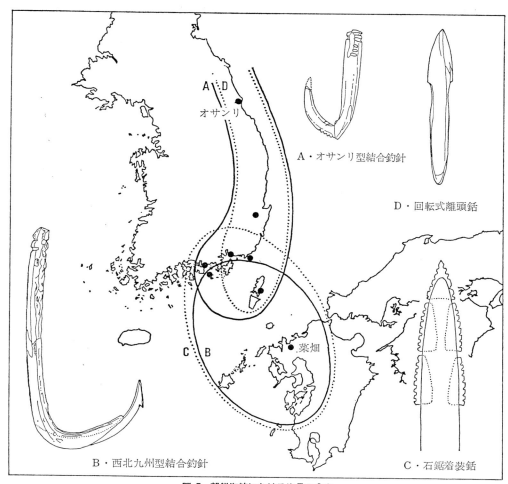

図 7 朝鮮海峡における漁具の分布

も，この見解を支持するものと考えられる（図8）。

一方，中国北部に特徴的な管状土錘は稲作とともに西北九州に伝播し，沖縄地方の貝錘を除いて従来の諸タイプを駆逐してしまう。そして弥生時代中期から後期にかけてその重量が増加することからみて，縄文時代にはみられなかった外洋への進出が始まったと考えられるのである。

2 弥生時代の漁業の特徴

弥生時代の漁業の特徴は，大陸からの新しい要素をも加え縄文時代の伝統を再編成して専業化が進んだことと，自家消費的な農村型漁業が発達したことなどである。縄文時代に多かった貝塚が減少することから漁業は衰退したとみる見解が多いが，これは誤解というべきである。貝類の経済価値が低下するほど，漁業が新たな発達を遂げたとみるべきである。自然遺物以上に人工遺物としての漁具の研究が必要とされる所以である。

漁業の新たな発達を必要とした背景には，農村の発達に伴う人工増加による動物蛋白の不足があったと考えられる。先に記した中期から後期にかけての鉄製釣針の発達，網漁業の発達，およびタコ壺やイイダコ壺漁業の発達などはその代表的な例である。そして後2者は大阪湾沿岸から始まる点にも大きな特徴がある。また工字型土錘や瀬戸内型土錘などのバラエティーが，同じように大阪湾沿岸から始まることにもきわめて注目されるのである。

農村型漁業の代表的な例は，筌や簗などである。ともに河川や湖沼で使われるばかりでなく，とくに前者は新たに展開した水田や用水路などで盛んに使われたものと考えられる。

弥生時代の筌は，東大阪市山賀遺跡と福岡県春日市辻田遺跡（図9）から出土している。前者は

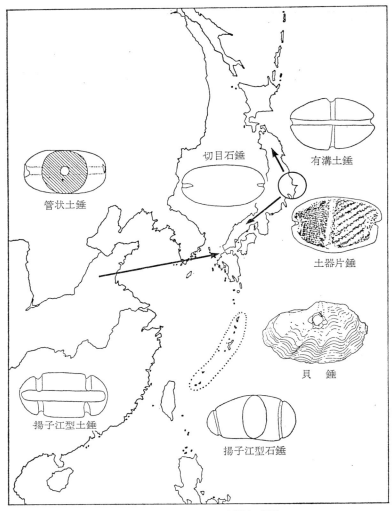

図8 東アジアにおける漁網錘の展開

きな影響をもたらしたが，漁具などの生活用具にまでその影響が及ぶのは後期になってからである。

このほかに古墳時代以降に登場する四ツ手網やエリなど，その変遷を明らかにしなければならない漁具・漁法が多数あることは，民俗資料との対比において明らかなことである。中・近世の発掘資料を再編成し，国際的な視野をも含め，仲間とともに日本列島の漁業史をさらに明らかにしていきたいと思う。

3 魚食文化の形成

弥生時代になって発達した稲作によって，縄文時代には連続的であった山と海が平野によって分断され，動物蛋白供給源としての狩猟の比重が急速に低下した。このこともまた漁業を一段と発達させた大きな要因である。その結果，食生活においても，副食品としての魚の比重を高めることになった。そしてこうしたことが可能であったからこそ大陸では農業とセットになっている牧畜の導入が遅れたの

前期例でカヤの枝で，後者は後期例でタケで作られている。民俗資料では筌はほとんどタケ製であり，辻田遺跡出土例は筌としてばかりでなく，タケ細工としても列島では最古の例である。弥生時代になって登場した鉄はあらゆる面にわたって大

であり，縄文時代に発達した漁業は食文化ばかりでなく，日本文化形成過程のなかに大きな位置を占めているといえるであろう。

参 考 文 献

共著『装身具と骨角製漁具の知識』東京美術，1988
拙著『縄文時代の漁業』雄山閣出版，1973
拙稿「弥生時代の筌」松本信廣先生追悼論文集，1982
拙稿「西北九州の縄文時代漁撈文化」列島の文化史，2，1985
拙稿「漁業の考古学」講座・日本技術の社会史，2，1985
拙稿「中国古代の釣針」岡崎敬先生退官記念論集，1987
拙稿「朝鮮海峡の回転式離頭銛」永井昌文教授退官記念論文集，1988

図9 福岡県辻田遺跡出土の筌

特集 ● 縄文・弥生の漁撈文化

漁撈文化の地域性

各地域における漁撈文化の特徴はどんな遺物に見出せるだろうか。北海道から琉球列島まで，各地の代表的な漁撈を探ってみる

錨石とチョウザメ／続縄文時代恵山式銛頭の系譜／いわき地方の釣針と銛／那珂川流域の漁網錘／三浦半島の弥生時代漁具／愛知県朝日遺跡のヤナ／北陸地方の漁網錘／瀬戸内のイイダコ壺とマダコ壺／西北九州漁撈文化の特性／南九州の縄文釣針／琉球列島の貝製漁網錘

錨石とチョウザメ

富良野市郷土館
杉浦重信
（すぎうら・しげのぶ）

1 錨石とは

　縄文文化の外縁に位置する北海道には，本州に見られない特異な遺物も少なくない。ここに紹介する錨石もその一つで，重量が10kgを超える例も珍しくない大型の石製品である。形状はやや下ぶくれな楕円形で，その長軸の一端ないし両端にはたたいて作出した浅い溝・コブ状の突起・打ち欠きなどがあり，中には短軸方向に打ち欠きが加わる例もあり，バラエティーに富んでいる。大きさ・形はちょうどユタンポに似ており，一見ジャンボな石錘のような印象を受ける。石材には，やや扁平で，ブツブツ穴のあいた軟質の安山岩を用いている（図1）。

　このように，大型で極めて特異な形態をもつ石製品であるにもかかわらず，発掘資料も少なく，調整もラフで素朴なこともあり，積極的な追究はなされておらず，個々の分析にとどまっている。また，多様な形態を有することから，その名称も「錨石」[1]・「石枕」[2]・「特大型石錘」[3]・「有溝石製品」[4]などがあり，統一していない。

　筆者は上記の名称で呼ばれる石製品が北海道のほぼ中央に位置する富良野地方にもかなり出土していることから，この石製品に注目していたが，昭和61年に調査した富良野市無頭川遺跡で，「錨石」と「特大型石錘」とが伴出したことにより，いろいろな名で呼ばれていたこれらの石製品は形態が多少異なるものの，全体の形・大きさ・調整・石質などが共通しており，同一の機能をもつと判断したのであった。

　そこで，筆者はこの種の石製品の名称をその形態的な特徴や他の石器名との混乱を避けることを考慮して，塩田弓吉氏が用いた「錨石」としたのであった。

2 形態・分布・時期

　錨石を最初に報告したのは，塩田弓吉氏であった[5]。同氏は明治末期から大正初期にかけて活躍した旭川在住の研究者であるが，明治44年ごろ，北海道での研究の集大成として『北海道ニ於ケル石器時代考及ビ「アイヌ」』と題した著作を残している。その第一編石器時代編第十八章に「錨石及錘石」の項があり，旭川市出土の2点を図示して次のように述べている。

　「錨石ハ主ニ船ノ錨ニ使用セシモノナラン，上部ヨリ左右ニ数ヶ所ノ紐掛ヲ擦リ込ミ使用ナラシメ，又形体ヲシテ美ナラシメタルモノヽ如シ，如何トナレバ予ガ見タル三個ニ及ベドモ，皆同一質

図1 北海道の錨石（1〜4：A型，5〜7：B型，8・9：C型）
1：上富良野町旭野遺跡，2・3・6：上富良野町東中2遺跡，4：札幌市T310遺跡，5：中富良野町鹿討1遺跡，7・9：中富良野町新田中2遺跡，8：富良野市無頭川遺跡

ノ石ナレバナリ」

　このように，塩田氏は上半分の左右に突起のあるものを「錨石」と呼称し，その突起を紐掛けとみなし，主に舟の錨に使用されたとした。しかしながら，同氏の研究成果は全く継承されることなく，大正・昭和（戦前）には報告例もなく，その存在すら知られることなく推移したようである。
　昭和29年，近江正一氏は中富良野町新田中2遺跡出土の2例を「石枕」と称して紹介した。こ のうち1つが塩田氏が報告したものと同タイプのものであった[6]。昭和39年，宇田川洋氏らは江別市対雁で表採した長軸と短軸に打ち欠きのある大型の石製品を「特大型石錘」と名づけ，「漁網用というよりもむしろ重さを利し，たとえば舟の錨のごとく用いて，物が水流により流されるのを防ぐためのもの」とその用途を論じた[7]。
　さらに昭和45年，山本文男氏は釧路市春採湖畔で表採された全長38cm・幅28cm・厚さ15cm・重さ24.6kgもある巨大な石錘を紹介した。長軸方向に溝がめぐっており，丸木舟のアンカーとして使用されたのではないかと推考し，周辺の遺跡から判断して擦文期からアイヌ文化期の所産とした[8]。
　昭和51年，札幌市S153遺跡からは今まで知られていなかったタイプのものが発掘調査で検出された[9]。それは長軸の一端に逆T字状の浅い溝をもつタイプで，その後同種のものが東神楽町沢田の沢遺跡[10]・江別市吉井の沢1遺跡[11]で検出された。
　錨石の研究を概観したが，その形態的な特徴，主に紐ずれを防ぐための部位の形状の異同によって，A〜D型の4タイプに大別できる。
　A型……「有溝石製品」と称されたグループで，長軸の上端に逆T字状の溝をもつもの。下端に打ち欠きのある例もある。S153遺跡・沢の沢遺跡・吉井の沢1遺跡などで出土している。
　B型……「錨石」「石枕」と呼ばれたグループで，長軸の上端に丹念に敲打調整したコブ状の突起を有するもので，その突起は左右対称につけられ，2個・4個・6個のものがある。また，下端に打ち欠きをもつ例もある。塩田氏報告の2例はこのタイプに属する。

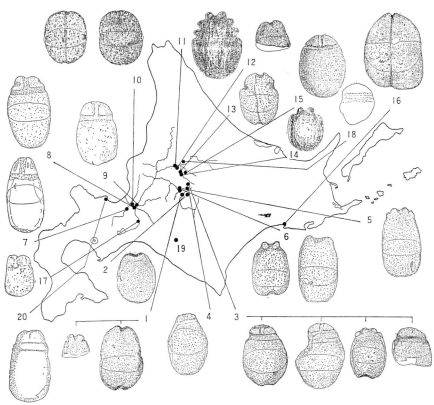

図 2 北海道の錨石の分布図
1. 富良野市無頭川遺跡
2. 富良野市東9線1遺跡
3. 上富良野町東中2遺跡
4. 上富良野町旭野遺跡
5. 中富良野町鹿討1遺跡
6. 中富良野町新田中2遺跡
7. 札幌市S153遺跡
8. 札幌市T310遺跡
9. 江別市吉井の沢1遺跡
10. 江別市旧坊主山遺跡付近
11. 旭川市神居古潭
12. 旭川市高砂台
13. 旭川市西神楽南2遺跡
14. 旭川市西神楽町
15. 東神楽町沢田の沢遺跡
16. 釧路市春採湖畔
17. 千歳市ママチ遺跡
18. 鷹栖町嵐山2遺跡
19. 平取町ユオイチャシ跡
20. 小樽市塩谷町

C型……「特大型石錘」とされたもので，逆T字状の溝・突起はなく，打ち欠きがあるグループで，長軸・短軸にあるものと長軸の一端だけにあるものとがある。浅い溝をもつものもある。

D型……「有溝石錘の一種」[12]あるいは「有溝礫」[13]と称されたもので，釧路市春採湖畔と平取町ユオイチャシ跡で出土しているにすぎない。釧路の例は重さが24.6kgもあり，A～C型の2倍以上で極めて大型である。また，A・C型の溝は敲打して浅くつくられているのに対して，D型の溝は研磨してやや深くつけられている。

錨石は，今のところ20遺跡・地点で26例が確認されている。その分布を図2に示したが，D型を除いたA～C型のほとんどが，石狩川流域に分布している。とくに石狩低地帯・上川盆地・富良野盆地の3地域に集中している。周辺地域には錨石に類する石製品やそれと関連性が認められる資料もないことから，A～C型の錨石は石狩川流域独自で出現した可能性が強いと言えよう。一方，D型は2例しか発見されておらず，今後の資料の増加に期待せざるを得ないが，A～C型とは分布・時期を異にするグループとみて大過ないよう

である。平取町ユオイチャシ跡出土の例から見て，D型はその系譜は定かではないが，アイヌ文化期の所産であろう。

A～C型の錨石の所属時期についてであるが，発掘調査で出土した遺跡はいずれも縄文晩期後葉のタンネトウL式と総称されている非亀ヶ岡系の在来土器群が圧倒的に多く検出されている。また，A～C型にはすでに述べたように多少形状を異にするものの，大きさ・全体の形・調整手法・石質が共通しており，中に折衷的な形態をもつものもあり，さらに1遺跡で2つのタイプのものが出土していることなどから同一時期の可能性が強く，縄文晩期後葉のタンネトウL式土器群に伴うものであろう。

3 石狩川とチョウザメ

錨石はいったい何に使用されたのであろうか。錨石の中には，明らかに紐ずれによって生じたと思われる擦れた跡が残っているものがあり，錨石は紐で縛って使用する石器であろう。溝・突起・打欠きは紐ずれを防ぐための調整であり，器面がザラザラした多孔質の安山岩を用いているのは加

23

図3 ダウリアチョウザメ（註22より）

工が容易な点もあるが滑沢なものより縛りやすく紐ずれしずらいことによるのであろう。また，形状も下ぶくれのものが多いことから，錨石は紐で縛り重りのようにつりさげて使用すると推察できる。

用途については，「舟の錨」説[14〜16]と「宗教的な用具」説がある。前者は錨石の大きさから誰しも想起する用途であろう。他方，非実用品で宗教的な用具とする説は，A型の逆T字状の溝を男根の象徴とみなしたり[17]，B型の突起を動物の耳を表現したと考えたこと[18]によるものであるが，宗教的な用具にしては調整が粗雑で，呪術的な印象を与えないし，男根を模したにしては扁平で平面形も楕円形をなすことから，この説には否定的にならざるを得ない。

ヒラリー・スチュアート氏によれば，北アメリカの北西海岸のインディアンはさまざまなおもりを使用したが，大型のおもりは漁具を水中で固定するためや丸木舟を湾泊させるための錨に用いたと報告している[19]。そのおもりの中には錨石に類似したものも見られる。北海道の錨石も「漁具のおもり」ないしは「舟の錨」の可能性もあるが，錨石のほとんどは内陸部で出土しており，河川で10kgもあるような漁具のおもりを使用する漁法はあるのであろうか，「舟の錨」であれば石狩川流域に限らず他の流域でも発見されてしかるべきではないかという疑念を抱かざるを得ないのである[20]。

A〜C型の錨石が石狩川流域に分布するのはどうしたことによるのであろうか。ここに錨石を解明する糸口があるように思われるのである。石狩川は天塩川とともに，チョウザメが遡上する河として知られていた。北海道のチョウザメはダウリアチョウザメ属ダウリアチョウザメとチョウザメ属チョウザメの2種の分布が確認されている。全長が1.5〜2.0mにもなる大魚で，春先に河を遡り，6〜8月ごろ産卵して海に帰る。その卵の塩漬けが有名なキャビアである。昭和10年代までは河口や近海で1シーズン300匹あまりの水揚げがあったとされるが，現在ではほとんど姿を消して「幻の魚」になってしまった。

アイヌの人びとは「ユペ（そこに入る・もの）」・「ユイペ（そこに入る・魚）」また「カムイ・チェプ」と呼び，神の魚として尊び，その頭骨は木幣をつけて祭壇に祀られたと言われる。開拓以前には，石狩川にも相当のチョウザメが遡上したらしく，河口の石狩町に現在もある石狩弁天社には，「妙鮫法亀大明神」としてチョウザメが祀られており，このことは松浦武四郎の『廻浦日誌』『西蝦夷日誌』にも記されている[21,22]。

また，安政4年（1857）上川盆地の入口にあたる旭川市神居古潭で武四郎の案内役をつとめた上川アイヌの首長クーチンコロが4尺のチョウザメを銛で捕獲したことが『石狩日誌』に載っており，産卵とは言え，かなり内陸の上流域まで遡ったらしく，芦別市常盤町には「鮫淵」という地名が残っており，石狩川の支流の空知川にもチョウザメがいたことが確認されている。

先に紹介したヒラリー・スチュアート氏はインディアンのチョウザメ漁についても詳述しているが，それによるとチョウザメ漁には舟の上から多頭の銛を撃つ猟法があり，銛がささったサメはのがれようとしてあばれるので，その動きをにぶらせるためや舟を安定させるために縄で縛った重い石を船尾から投下すると報告している。石狩川流域でも，このようなチョウザメ漁が行なわれた可能性も否定できないと思われる。

次に遺跡の立地・環境を見ると，上川盆地・富良野地方では湧水がある場合が多く，中には水量が豊富で沼を形成している例もあり，遺跡は沼を中心に拡がっている。アイヌの人びとは7月中旬から8月にかけて，川でマス漁を行なうが，湧水口近くに穴を掘り，マスを冷水にひたして保存する方法がある。また，アイヌの衣服のアッシは，

オヒョウ・ハルニレ・シナノキなどの樹皮から取った繊維を材料としている。その繊維をとるには内皮を沼につけて柔らかくしなければならず，その際，たばねた内皮が水面に浮かびあがるのを防ぐために石のおもりで水中に固定する方法がある[23]。また，ミズナラ・カシワの実のドングリはまず水でさらしてアク抜きをしなければ食べられない。錨石は，マスの冷水保存・樹皮やドングリの水さらしのためのおもりに使用されたとも考えられる。

これまで思いつくままに用途について模索してきたが，いずれも推論の域を出ないが，再三述べているように錨石は紐で縛って使用する道具であり，具体的な用途を特定する有力なデーターは得られていないが，重さを利しておもりや錨のように用いられたとみるのが妥当であろう。近い将来，低湿地遺跡の発掘調査が進むにつれて，その用途もしだいに明らかになるであろう。

4 タンネトウL・幣舞文化

A〜C型の錨石が分布する道央部には，縄文晩期後葉のタンネトウL・幣舞文化の遺跡が濃密に分布している。この文化は道南部の亀ヶ岡文化の影響を少なからず享受しつつも，独自性の強い文化要素が数多く異彩をはなっている。たとえば，明瞭な竪穴住居址は発見されておらず，遺跡のほとんどが土壙墓群であること，石鏃・黒曜石の棒状原石を多量に埋納する墳墓，舟形を呈する異形土器・矢柄研磨器[24]・エスキモーのウーマンズナイフに似た安山岩製のナイフないしはスクレイパーの多出[25]，さらには千歳市ママチ遺跡の土製仮面[26]や道東部・南千島に分布する有角石斧[27]など特徴的な遺物が数多く見られる。

錨石は今のところ周辺地域には類似した資料は見当たらないが，タンネトウL・幣舞文化には極北地域との文化的な関連を暗示する要素も見られることから，今後は環オホーツクのみならず，新大陸をも含めた広い視野から検討しなければならないであろう。

なお，紙面の関係で充分意を尽くせなかった。詳細について，『富良野市文化財調査報告書第4輯 無頭川遺跡』第Ⅷ章考察「北海道の錨石について」1988を参照されたい。

註

1) 塩田弓吉『北海道ニ於ケル石器時代考及ビ「アイ

ヌ」』1911 ごろ

2) 近江正一『アイヌ語から生れた郷土の地名と伝説』上川地区学校生活協同組合，1954

3) 宇田川洋・河野本道・藤村久和「北海道出土の特大型石錘」考古学雑誌，50—1，1964

4) 北海道埋蔵文化財センター『北海道埋蔵文化財センター調査報告書第5集 吉井の沢遺跡』1982

5) 塩田弓吉氏については，斉藤 傑「上川中学校教諭・塩田弓吉のことなど」北海道の文化，39，1978に詳しく紹介されている。

6) 註2)に同じ

7) 註3)に同じ

8) 山本文男「資料紹介 春採湖畔発見の大形石錘」釧路市立郷土博物館館報，204，1970

9) 加藤邦雄編『札幌市文化財調査報告X S153遺跡』1976

10) 斉藤 傑『東神楽町沢田の沢遺跡発掘調査報告書』東神楽町教育委員会，1981

11) 註4)に同じ

12) 註8)に同じ

13) 北海道埋蔵文化財センター『北海道埋蔵文化財センター調査報告第26集 ユオイチャシ跡・ポロモイチャシ跡・二風谷遺跡』1986

14) 註1)に同じ

15) 註3)に同じ

16) 註8)に同じ

17) 種市幸生編『北海道埋蔵文化財センター調査報告書第9集 ママチ遺跡』1983

18) 岸本翠月『富良野市史』第1巻，1968

19) 木村英明・木村アヤ子訳『海と川のインディアン—自然とわざとくらし』雄山閣出版，1987

20) アイヌの舟には，丸木舟・板舟・樹皮舟があるが，舟の錨についてまで論及した研究は管見のかぎり見当たらない。鉤状の叉木に石を数個紐で縛って用いたと言われ，主に海の漁で用いられたようである。

21) 石橋孝夫「鮫神の誕生—石狩川の主伝説と妙鮫法亀大明神についての覚書き—」いしかり暦，2，石狩町郷土研究会，1981

22) 前田 潮「天塩川とちょうざめ漁」『北方科学調査報告5』1984

23) 萱野 茂氏のご教授による。

24) 沢 四郎・三門 準『北海道東部の「矢柄研磨器」について』釧路市立博物館紀要，11，1986

25) 上野秀一「続縄文文化—土器」縄文文化の研究6—続縄文・南島文化，雄山閣出版，1982

26) 北海道埋蔵文化財センター『千歳市ママチ遺跡Ⅲ 北海道埋蔵文化財センター調査報告書第35集』1987

27) 杉浦重信「北海道・南千島の有角石斧について」青山考古，6，1988

続縄文時代恵山式銛頭の系譜

札幌医科大学助手
大島直行
（おおしま・なおゆき）

恵山文化期に出現する銛頭の形式は，北方地域よりむしろ東北地方の縄文後・晩期に形成された伝統の上に成立した可能性が強い

1 緒 言

噴火湾沿岸は，国内でも有数の貝塚分布地帯として古くより知られている。伊達市北黄金貝塚（国指定）をはじめ，同市若生貝塚，虻田町入江貝塚（国指定），同町高砂貝塚など縄文時代前・中期の大規模な貝塚が数多く分布する地域である。この地域では，こうした縄文前・中期の大規模貝塚が分布する一方で，小規模ながら縄文時代の各期はもちろん，縄文時代以降の続縄文時代，擦文時代，さらに近世アイヌ期にいたるまで貝塚の形成が連続してみられるといった特徴ももっている。おそらく，こうした広汎な時期にわたって貝塚形成が連続するのは，全国的にみてもこの地域だけであろう。

ところで，続縄文時代の前半期である恵山文化期におけるこの地域では，全国的には貝塚形成が衰退するなかで，縄文時代にも増して貝塚形成が盛んになることが知られている。すでにこの時期，本州では稲作農耕社会への移行がなされつつある時期であり，こうした時期の貝塚は，弥生併行期の北海道の経済（生業）を考える上に欠かすことのできない重要な遺跡となっている。

さて，この続縄文恵山文化期の貝塚を考える際に，常にひきあいに出されるもののひとつに骨角器がある。骨角器は恵山文化期の代表的な遺物であり，その中心ともいえる極度に発達した漁撈具からは，漁撈民的色彩の強い恵山人のイメージが沸いてくる。恵山文化期の骨角器は，漁撈具以外にも狩猟具や装飾品，呪術具など多種にわたり，その完成された形態と豊かな装飾性は，日本の先史骨角器のなかでもひときわ異彩をはなっているといえよう。こうした骨角器の中で，とくに銛頭は器種が豊富で，しかも利器でありながら装飾性に富むなど，恵山期の骨角器を代表するものとなっている。

先に筆者は，噴火湾沿岸における恵山文化期の代表的な骨角器として豊浦町礼文華貝塚の銛頭を紹介したが[1]，本稿ではさらに最近調査された有珠10遺跡[2]の資料も加え，前回触れることのできなかったこれら恵山期の銛頭の系譜について解説することにしたい。

2 恵山文化期の銛頭

北海道では，縄文時代早期にいわゆる開窩式の銛頭が出現し，その系統は縄文時代を通してみられる[3]（図1）。そしてそれは縄文時代以降にもひきつがれ，続縄文時代，擦文時代を経て近世アイヌ期のキテにまで連続することが知られている[4]。

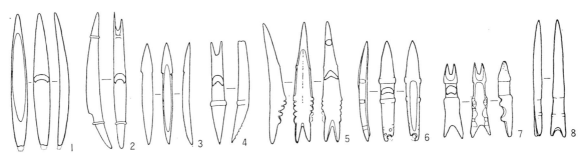

図 1 北海道縄文時代の開窩式銛頭（註4より作成）
1：釧路市東釧路貝塚（早期），2・3：伊達市北黄金貝塚（前期），4：島牧村栄磯岩陰（中期），5：戸井町戸井貝塚（後期），6：栄磯岩陰（後期），7：乙部町三ツ谷貝塚（晩期），8：栄磯岩陰（晩期）

26

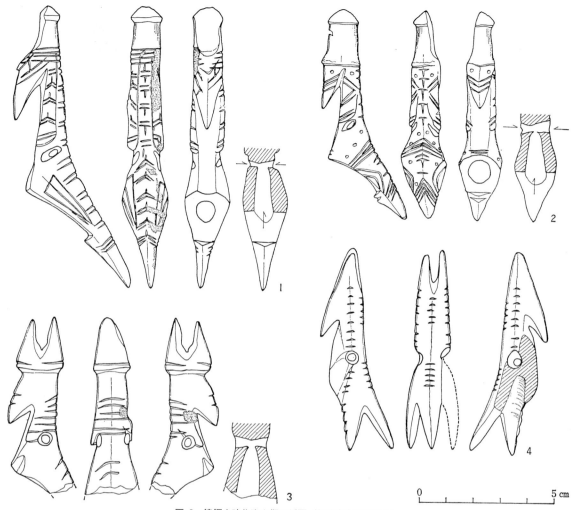

図 2 続縄文時代恵山期の銛頭（伊達市有珠10遺跡）
1・2：茎孔式単尾銛頭（Eタイプ），3・4：茎孔式単尾銛頭（Uタイプ）

一方，縄文時代の後・晩期には，東北地方の三陸海岸や仙台湾を中心とする地域に「燕形離頭銛頭」と称される閉窩式の銛頭が発達するが，現在のところ北海道にはこの形式が縄文後・晩期に伝播した形跡がない[5,6]。もちろん，北海道ではこの時期の骨角器資料がひじょうに少ないこともあり，今後出土が期待されるということもあろうが，いずれにしてもこの時期北海道においては開窩式の銛頭が主流を占めていたことはまちがいないようである。

ところが，続縄文時代恵山文化期になると様相は大きく変化する。それまで主流であった開窩式の銛頭は影をひそめ，かわって閉窩式の銛頭が主流の形式となり，さらにそれまでほとんどみられなかった挿入式の銛頭が加わるのである。

先に筆者は，木村の分類[7]を参考にして恵山期の銛頭を4形式に区分したが[1]，ここでは有珠10遺跡の資料を加え，さらにその内容を充実させることにしたい。

(1) 茎孔式単尾銛頭（図2）

この形式は，東北地方の縄文後・晩期に一般的な閉窩式銛頭との類似性から，「燕形離頭銛頭」と呼ばれているものである[4]。恵山期の銛頭を代表する形式とされていたが，意外に出土例は少なく，恵山町恵山貝塚[8]の4例，室蘭市本輪西貝塚[9]の2例（他に2例閉窩式と思われるものがあるが判然としない），室蘭市祝津遺跡[10]の1例，伊達市南有珠6遺跡[11]の3例があるにすぎない。しかし有珠10遺跡からは図示した以外にも約20点のこの形式の単尾銛が出土しており，恵山式の銛頭の形

式としてはかなり一般的であったことがうかがわれる。

ところで，この形式で注目したいのは，いくつかのバリエーションの認められる点である。これまで知られていたのは恵山貝塚例にみられた石銛を装着するタイプ（Eタイプ）と，本輪西貝塚でみられた尖頭部を削り出すタイプ（Mタイプ）であったが，有珠10遺跡からは新たに銛先鏃を装着するタイプ（Uタイプ）が出土した（図2—3・4）。図2—3は，背腹面に平行して鏃装着用のスリットが切られ，4ではこれと直交する面にスリットが設けられている。尾部の形態など全体のプロポーションには若干の変化が認められるものの，左右方向に穿った索孔の位置や装飾など恵山期に独得の特徴を備えた銛であることにはかわりがない。

（2）　茎孔式双尾銛頭（図3—1〜5）

この形式は，かつて恵山式の銛頭について触れた渡辺が，東北地方より伝播した燕形離頭銛頭と在来の挟入離頭銛頭とが融合してできた形式として「恵山型銛頭」と仮称したものである。これまでに恵山貝塚や礼文華貝塚などから比較的まとまった資料が出土している。

この形式には2つのタイプがある。図示した有珠10遺跡の資料にみられるように，石銛を装着するEタイプ（図3—1〜3）と，尖頭部を削り出すMタイプ（図4・5）である。いずれのタイプも型式的にひじょうに安定しており，とくに石銛を装着するEタイプでは，全体的なプロポーションはもちろん，鏃の位置・形状，索孔の位置・穿孔方法などきわめて類似している。単尾銛頭と同じように，Eタイプには石銛装着面が鏃に平行するものと直交するものがある。ただし，直交するものはきわめて少ないようである。尖頭部を削り出すMタイプのものには，鏃の数に変化がみられるが，これは本来多段につくられていた鏃が欠損するごとに再加工が施され，減少していった場合が多く，基本的には3〜4段の鏃をもった形式としてつくられたとみてよい。

（3）　挿入式銛頭（図3—6〜9）

挿入式の銛頭は，これまで恵山期の銛頭の中にはほとんどみられなかった形式であった。恵山貝塚より出土したものが唯一の例といってよい。あまり少ないことから，あるいはひじょうに特異な形式かとも思われたほどである。しかし，今回有珠10遺跡から20数例の出土があったことで，これ

もやはり恵山期の一般的な銛頭の形式であることが明らかになってきた。有珠10遺跡の資料をみるかぎり，挿入部の形状や索孔の位置・形状など，形態的にはひじょうに安定していることがわかる。鏃の数には多少ばらつきがあるが，これは先述した双尾銛頭同様，欠損後の再加工が原因かと思われ，基本的には3あるいは4段のシンメトリーな両鏃の形式であったものと思われる。

3　恵山式銛頭の系譜

有珠10遺跡からは，以上解説した3形式の銛頭以外に，わずかではあるが茎槽式銛頭も出土しており，恵山文化期には4形式の銛頭のあったことがわかる。

ところで，こうした4形式の銛頭がはたしてどのように発生したのであろうか。茎槽式銛頭の系譜については，数多くの論考がみられるが，他の銛頭についてはほとんどとりあげられたことがないようである。有珠10遺跡の資料は膨大でありこうした問題を明らかにするための詳細な分析にはしばらく時間を要するが，ここでは，とくに茎孔式単尾銛頭についてのみその系譜を予察的に述べておくことにしたい。

茎孔式単尾銛頭は，先述したようにこれまで恵山貝塚から出土したタイプだけが知られており，これについては東北地方縄文後・晩期の燕形離頭銛頭との関連性が指摘されてきた[4,7,12,13]。たしかに，着柄構造とか全体のプロポーションなどには，類似性が認められたが，しかし一方では先端部の石銛や叉状をなさない尾部など形態的にかなり異なる部分もみうけられ，系統的にも東北地方の燕形離頭銛頭ではなく，むしろ古コリヤークなど，より北方の文化との関連性が指摘されるといった意見もみられた[14]。ところが最近になって，南有珠6遺跡よりこのEタイプとは異なった銛本体に直接尖頭部を削り出したMタイプの単尾銛が出土し，さらに今回有珠10遺跡からも，従来まったく知られていなかった銛先鏃を装着するUタイプの単尾銛頭が出土したことで，恵山期の単尾銛頭には少なくとも3つのタイプのあることが明らかになったわけである。

そこで，これら銛頭がどのような系譜関係のもとに成立したのかを改めて考えてみると，まず形態的な特徴の比較からは，一見してMタイプ，Uタイプの単尾銛が燕形離頭銛頭に類似しているこ

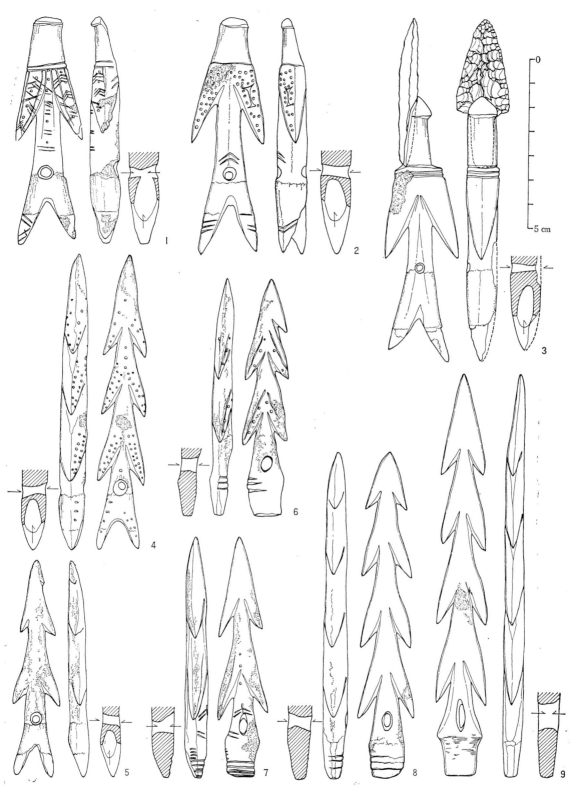

図 3 続縄文時代恵山期の銛頭（伊達市有珠10遺跡）
1〜3：茎孔式双尾銛頭（Eタイプ），4・5：茎孔式双尾銛頭（Mタイプ），6〜9：挿入式銛頭

29

とがわかる。叉状あるいは三叉状をなす尾部形態や銛先鏃の装着あるいは尖頭部の削り出しといった先端部構造など，まさに燕形離頭銛頭に一般的な特徴そのものといえよう。

これに対しEタイプと燕形離頭銛頭との直接的な類似性はなかなか認めがたい。しかし，このEタイプとM，Uタイプとの間には体部索孔上方の小突起や腹面の鏃などに類似性を見出すことができそうである。つまり，形態的にみてゆくかぎり，燕形離頭銛頭に近いのはM，Uタイプの単尾式銛頭であり，Eタイプについては，M，Uタイプを間に介してはじめて類似性が指摘されるということになる。おそらく，こうした関係は，東北地方に生まれた燕形離頭銛頭から恵山期の単尾式銛頭に至る系譜関係の存在をそのまま物語っているように思われる。東北地方縄文後・晩期の燕形離頭銛頭の影響を受けず最初にMおよびUタイプの単尾銛頭が出現し，それがEタイプに継承され，きわめて安定した形式として発展してゆくといったように考えると，従来の渡辺や前田らの指摘をより具体的に説明できるように思われる。

4 結 語

恵山文化期の骨角製品は，漁撈具と装飾品を中心とするひじょうに豊富な器種からなり，それまでの縄文の骨角器にはみられない道具への加飾が行なわれるなど，特異な骨角器群を構成している。

北海道では，縄文時代晩期の骨角器資料が少ないこともあって，これら恵山期の骨角器が，はたして縄文晩期からの系統をひくものなのかどうか十分に検討する機会がなかったのが現状であった。一般的な感想として，これら恵山期の骨角製品の系譜が，あるいは千島，サハリン，シベリアなど，より北方の古文化との関連性の上に語られてきたのは，ひとつには北海道において対比可能な縄文時代の骨角器を欠いていたことが原因としてあげられるかもしれない。本稿でとりあげた単尾銛頭についても，先述した渡辺や前田らの指摘した一部の資料以外については，道内の縄文後・晩期の対比資料は皆無にひとしかったのである。ところが，今回筆者らが調査した有珠10遺跡の出土資料にみるように，恵山期の資料自体の中に，

東北地方縄文後・晩期資料との関連性が見出されてきており，今後恵山期の資料が増えれば，この傾向はさらに強まるものと思われる。

今回は一部の銛頭にかぎって検討したが，茎孔式双尾銛頭の発生についても縄文時代後・晩期の燕形離頭銛頭の強い影響が認められるという渡辺の指摘があるほか，挿入式銛頭の発生についても東北地方に出現する固定式銛頭との関連性を考慮にいれなければならないかもしれない。むろん茎槽式銛頭が，縄文晩期から恵山期へほとんど形式的な変化をせずに受けつがれてゆくことはすでに明らかにされているところである。

結局，恵山文化期に出現する銛頭の形式は，北方文化など周辺地域との関連性の上に成立した形跡はなく，むしろ東北地方縄文時代後・晩期に形成された銛頭の伝統の上に成立した可能性が強いように思われるのである。豊富な資料のそろっている東北地方の銛頭との対比を再度十分に行なってみる必要があるようである。さらに検討してみたい。

註
1) 大島直行「北海道続縄文の漁撈具―恵山式銛頭について―」考古学ジャーナル，295，1988
2) 大島直行「伊達市有珠10遺跡出土の骨角器」月刊文化財，290，1988
3) 金子浩昌「北海道縄文時代の骨角製銛頭と栄磯岩陰出土の資料」『栄磯岩陰遺跡発掘報告』島牧村教育委員会，1973
4) 渡辺 誠『縄文時代の漁業』雄山閣出版，1973
5) 金子浩昌・忍沢成視『骨角器の研究 縄文篇Ⅰ』慶友社，1986
6) 金子浩昌・忍沢成視『骨角器の研究 縄文篇Ⅱ』慶友社，1986
7) 木村英明「骨角器」縄文文化の研究，6，雄山閣出版，1982
8) 能登川隆『北海道恵山先史遺物図集』1942
9) 長谷部言人「本輪西貝塚の鹿角製銛頭」人類学雑誌，41―10，1935
10) 大場利夫『室蘭遺跡』室蘭市教育委員会，1962
11) 三橋公平編『南有珠6遺跡』札幌医科大学解剖学第二講座，1983
12) 大塚和義「挟入離頭銛」物質文化，7，1966
13) 前田 潮「オホーツク文化とそれ以降の回転式銛頭の型式とその変遷」東京教育大学文学部史学研究，96，1974
14) 金子浩昌「銛頭の変遷」歴史公論，54，1980

いわき地方の釣針と銛

——東北南部の漁撈文化——

日本考古学協会会員
大 竹 憲 治
（おおたけ・けんじ）

いわき地方の縄文から弥生時代の漁撈文化には外洋性のものと内湾性のものがあり，とくに薄磯貝塚の調査によって明確になった

東北地方南端部に位置するいわき地方には，縄文時代の貝塚が20数ヵ所知られている。これらの貝塚から出土した釣針・銛などをはじめとする漁具についての研究も先学[1]によって進められ，縄文前期から後期前葉にかけては，ほぼ完成をみている[2]。

今回，再び検討を思い立ったのは，薄磯貝塚の層位的な発掘調査[3]によって縄文晩期から弥生中期前葉にかけての釣針・銛の系譜がより明確になったからである。小稿でもかかる薄磯貝塚の成果を踏まえて，当地方の釣針と銛を検討していく。

1 釣針・銛の変遷と概観

第 I 期 当地方の単式釣針の出現は縄文時代前期前葉（大木2a式期）に比定される弘源寺貝塚のものが最も古く，欠損資料3点と未成品6点が知られている。これらの単式釣針には内鐖のある中型釣針があり，また未成品のなかには全長9.5cmの大型のものが1点含まれている。

未成品からみる製作過程は，鹿角を板状にしてから中央部を穿孔し，U字状に形態を整える方法を取るが，この釣針の製作技術は晩期まで継続するようである。

東北南部では，双葉町郡山貝塚，小高町宮田貝塚からも単式釣針の未成品が出土している[4]。この時期の銛については，資料はみあたらないが，弘源寺貝塚から綴じ針状の骨製刺突具4点とポイント状の製品（図2—8）が検出されている。

第 II 期 縄文中期の単式釣針は小型・中型が主体である。大畑貝塚では中期中葉か後葉（大木8a式期～大木9式期）のものが知られており，大木8a式期では内鐖，大木8b式期では外鐖のものがある。

このほか，当地方の中期釣針としては，下大越A貝塚（松林貝塚）から大木8a式期に比定される資料が台ノ上貝塚から大木8b式に比定されるものが出土しているが，いずれも無鐖のものである。また刺突具については無鐖のヤス状の小型のものが大畑貝塚から検出されている。

第 III 期 縄文後期の単式釣針は，後期末のものには大型のものがあるが総じて小型・中型が主体である。後期初頭の御代貝塚のものは外鐖があり，綱取I式に比定される。後期中葉期の釣針ではやはり御代貝塚のものがあるが，後期初頭とおなじく外鐖のものである（図2—22）。

後期後葉の段階の資料は，これに比定される貝塚がないため資料が欠落しているが，後期末段階の寺脇貝塚の単式釣針は大型化が進み外鐖がみられる。

銛は固定銛が大畑貝塚（図2—17・18・19）で出土しており，綱取I式に比定される。

第 IV 期 縄文晩期の釣針・銛などは層位的な検討ができなかった寺脇貝塚のものが知られている。単式釣針・固定銛のほか，離頭銛・結合式釣針がIV期になると加わる。すでに触れたように薄

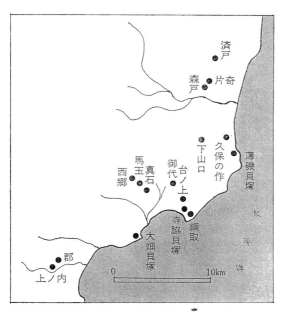

図1 いわき地方の貝塚の分布

31

磯貝塚の層位的な調査によって，かかるⅣ期の漁具の細分ができるようになったので，Ⅳ期の釣針・離頭銛については別節で再吟味する。

第Ⅴ期　東北地方では，めずらしい弥生時代の前期・中期にかけての釣針も霊山町根古屋遺跡[5]や薄磯貝塚で知られるようになった。薄磯貝塚では他に離頭銛なども出土している。

2　縄文晩期・弥生中期の釣針と銛

薄磯貝塚における縄文晩期から弥生中期前葉にかけての釣針・銛について再検討していく。

第Ⅳ期a　薄磯貝塚35層から23層中より検出された資料で，時期は縄文後期末から大洞B式期で大洞B式期が主体である。

この時期の釣針は単式釣針が主体（未成品を含め10点以上）であるが，結合式釣針が出現する（図3—6・7）。単式釣針は大型であり無鐖のものと外鐖のものとの二者がある。

結合式釣針も針部が2点ほど出土しているが単式釣針を凌駕するまでは発達していない。離頭銛も燕尾形のものが出現するが，仙台湾周辺や三陸沿岸よりは後出である。固定銛・ヤス状刺突具（図3—9～12）もみられるが，鐖が交互にあるのが特色である。

第Ⅳ期b　薄磯貝塚22層から18層中より出土した資料で，大洞B−C式が主体である。この時期も釣針では単式釣針が主体（図3—13～18）をなすが，小型・中型のものが数を増すことになる。結合式釣針（図3—19・20）は針部1点，軸部1点の出土である。

離頭銛も5点出土しており，刃溝・索溝のあるもの（図3—21・22・24），刃溝・索溝のほかに索孔が加味されるもの（図3—25），刃溝がなく索溝のみのもの（図3—23）などに大別される。

固定銛・ヤス状刺突具は第Ⅳ期aとさほど変化は認められない。

第Ⅳ期c　薄磯貝塚17層から9層，および6・5・4層中より出土した資料で，大洞C_1式期・大洞C_2式期が主体である。

単式釣針では，中型・小型が多出し，大型釣針では結合式釣針（図3—39～46）が発達する。結合式は総数8点で針部6点，軸部2点である。

離頭銛は，刃溝・索溝あるタイプ（図3—47・48）と刃溝・索溝に索孔が加味されるタイプ（図3—49）とがある。

固定銛は，形態に変化はみられない。

第Ⅴ期　薄磯貝塚3層から0層までの4層（従来2層に大別されたものを細分）中から出土した資料で，弥生中期前葉が主体である。すでに公表した離頭銛2点，結合式釣針（軸1点，針1点）のほか，単式釣針・結合式針が整理段階で発見された（図3—52～57・58・59）。

結合式釣針はすでに公表しているものを含めて総数5点（軸3点，針2点）その他時期不明であるがT字状のチモトのものを追加すると6点が知られている。

単式釣針は3点出土しているが，アグの部分から先が欠損しているので有鐖か無鐖かは判断ができない。

離頭銛も刃溝・索溝・索孔がいずれも整ったもの2点と，それらの欠損資料2点の合計4点が検出されている。尾数は3尾2尾のものとに大別される。また牙鏃と総称されている猪牙製の尖頭器（図2—56）は，索孔の位置が上部に穿孔されているものがあり，銛頭としての機能をも具備している。

3　薄磯型結合式釣針の提唱

いわき地方の釣針・離頭銛については，渡辺誠氏による細部にわたる検討[6]が進められ，寺脇貝塚で出土した軸23点，針17点の結合式釣針には寺脇型結合式釣針なる名称が，また当地方特有の形態を保有する離頭銛にも寺脇型離頭銛が提唱され，すでに研究者間では認知されている。

薄磯貝塚では燕形離頭銛は出土したものの，ついに寺脇型離頭銛の検出はなかったのである。しかし，いわゆる寺脇型結合式釣針は多数出土例があり，当地方では晩期の真石貝塚・久保の作洞窟の数例をのぞくと，結合式釣針の資料では寺脇貝塚に対峙するだけの資料が出土したことになる。

寺脇型結合式釣針の特色は，軸部・針部からなることで，軸部のチモトには2条索溝が回ることと，釣部には外鐖がみられ大型のものであることなどである。

ところが，薄磯貝塚（第Ⅴ期）の弥生中期前葉の貝層中から出土した結合式釣針のチモトは索溝が2条めぐるものではなくて，T字状を形成するものであった（図4—3・4）。

その後，時期不明のものを含めてT字状を呈するものが3例出土していることが判明し，時期は

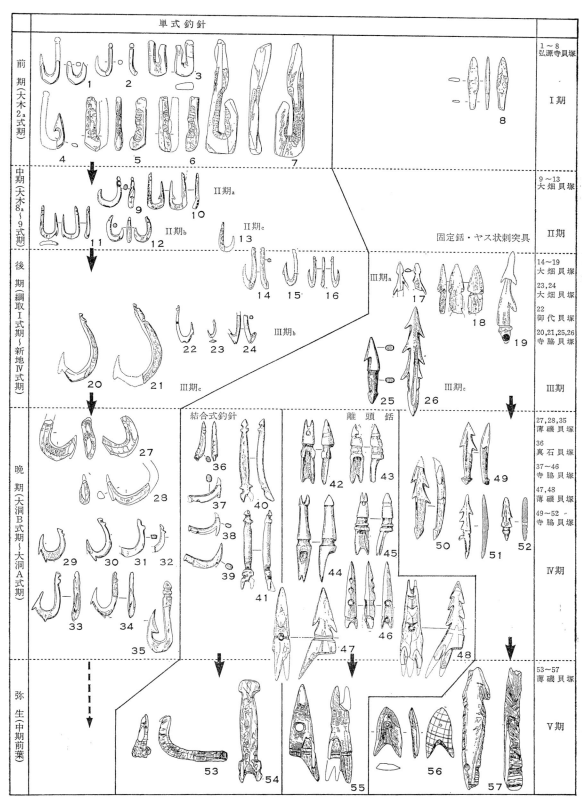

図 2 いわき地方における釣針と銛の変遷

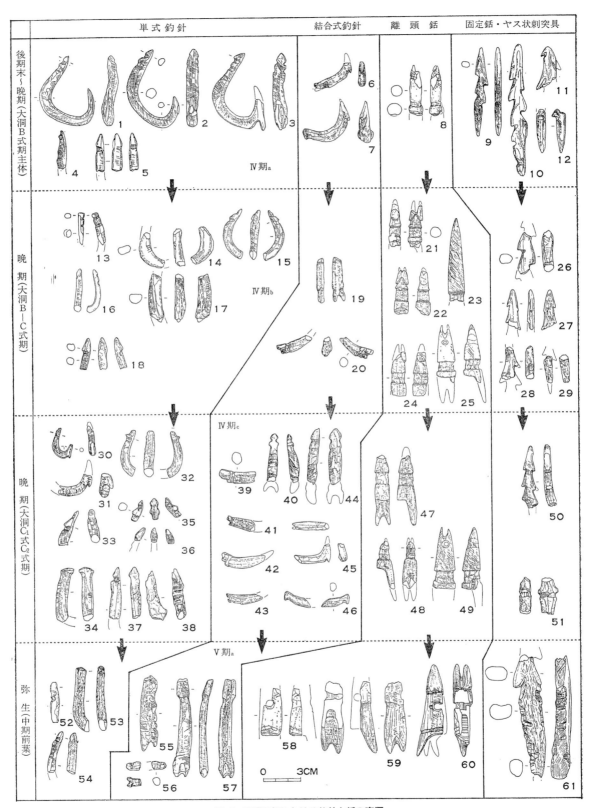

図 3 薄磯貝塚における釣針と銛の変遷

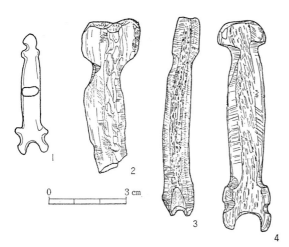

図 4　寺脇型・薄磯型結合式釣針軸部資料
(1：久保の作貝塚，2〜4：薄磯貝塚)

ほぼ弥生に限定される。しかもこれらのチモトの形態は前者の寺脇型の軸部とは異なることから，以後は薄磯型結合式釣針と呼びたいと思う。

4　まとめ

いわき地方の縄文時代の漁撈文化の様相は時期によっても異なるが，大きく2つに分類される。すなわち外湾(洋)性の漁撈活動と内湾性の漁撈活動とである。

（1）　第 I 期の漁撈文化

いわき地方最古の貝塚である弘源寺貝塚[7]の漁撈活動は釣針が7点も出土しており，釣漁に主眼をおいたことが窺われる。当貝塚出土の魚種を瞥見するとクロダイ・スズキなどの内湾的な漁撈活動の魚種のほか，カツオ・マダイなど外湾性の回游魚もみられることから，すでに前期前葉の段階から内湾から外湾の魚種にも眼が向けられていたことがわかる。

（2）　第 II 期の漁撈文化

縄文中期中葉（第II期 a）期に大畑貝塚では単式釣針を主体とした釣漁が発達し，カツオ・マダイなどの外湾性回游魚が漁撈活動の中心をなしたものの中期後半以降（第II期 b・c）減少しはじめる。

（3）　第 III 期の漁撈文化

後期初頭（III期 a）になると大畑貝塚ではカツオが著しく減少し，単式釣針によるマダイが釣漁の主体を占めるようになる。

また，固定銛がみられるようになり，中期には出土量がわずかであったアカウミガメ・オサガメが多くなることから，これらを対象とした銛漁も開始される。後期前葉（第III期 b）は大畑貝塚が終焉する時期で釣針が少ないことからカツオを主体とした外湾性漁撈活動も収束に向かうものと思われる。なお後期後半の貝塚はいわき地方には形成されず，やがて後期末（第III期 c）の段階にいたって寺脇貝塚で大型単式釣針が出現をみるまでは，外湾性の漁撈活動は断絶する。

（4）　第 IV 期の漁撈文化

晩期では，寺脇貝塚・薄磯貝塚を中心に単式釣針が多用化するだけでなく，結合式釣針・離頭銛が出現し発達する。結合式釣針はIV期 a に出現し，IV期 c に最盛期をむかえる。真石貝塚の結合式釣針はこの時期のものと推定される。釣針をベースとした釣漁ではマダイを筆頭にカツオ漁があげられる。

離頭銛もIV期 a に出現しIV期 b に発展する。これら離頭銛の発展と呼応するかのように固定銛・ヤス状刺突具も増加するが，鐖のある形態のものはIV期 c までほとんど変化はみられない。離頭銛・固定銛など銛漁での対象となったのは，暖海性のサメ・カメや寒海性のアシカ・アザラシ類の海獣などで，薄磯貝塚からは，きわめて豊富な出土量が認められる。

（5）　第 V 期の漁撈文化

弥生中期前葉の漁撈文化で，薄磯では結合式釣針・単式釣針・固定銛などが残存している。したがってIV期の漁撈活動が薄磯貝塚では継続されており，対象魚種や海獣などが弥生時代になっても捕獲できる環境にあったものと思われる。なお従来晩期末とされていた久保の作洞窟の結合式釣針の資料を弥生前期の資料と再認識し，寺脇型結合式釣針と薄磯型結合式釣針の中間に位置する釣針と推定したいと思う。

註
1)　渡辺　誠『縄文時代の漁業』雄山閣出版，1973
2)　馬目順一「釣漁と銛猟」季刊考古学，創刊号，1982
3)　大竹憲治・山崎京美・志賀敏行ほか『薄磯貝塚』いわき市教育委員会，1988
4)　竹島国基・渡辺　誠『宮田貝塚』小高町教育委員会，1975
5)　大竹憲治「東北南部出土の弥生時代骨角製品」古代文化，37—5，1985
6)　註1)に同じ
7)　佐藤典邦ほか『弘源寺貝塚』いわき市教育委員会，1986

35

那珂川流域の漁網錘

栃木県立博物館
上野 修一
（うえの・しゅういち）

縄文時代の漁業は貝塚というイメージが強いが，河川漁は草創期
以来連綿と行なわれており，中期後葉以降に急速に発達している

　縄文時代の網漁の展開については，渡辺誠氏の一連の研究によって，巨視的にはすでに明らかにされているといっても過言ではない[1]。
　しかし，各地域における錘具の実態や変遷，さらには漁場や漁法の研究など，残された課題も決して少なくない。近年，これらの研究が個々の地域レベルで検討され始めているが[2]，今後，各地域において解明されなければならない問題は多い。なかでも内水面域での漁撈活動の研究は，一部の淡水性の貝塚地帯を除いては極めて低調であり，内陸部における縄文時代の生活を考える上で制約となっている。こうした骨角器や自然遺物の検出が困難な地域にあっては，とりあえず既存資料の集成を踏まえたうえで，生態学的な視点からのアプローチが必要である。また，考古学的な視点にたった，民俗事例調査の実践および応用も不可欠であると考えられる。
　ここでは，現在でも河川漁の活発な東関東地方の那珂川水系を中心に，縄文時代の網漁の受容の実態とその特色について，上記の視点に立って考えてみたいと思う。
　なお，各種漁網錘の名称や分類については渡辺氏の研究に準拠した。

1　那珂川流域の地理的特徴と漁網錘の諸形態

　那珂川は全長約150km，奥羽山脈南端の那須山や高原山麓に源を発し，栃木県の那須地方を南流した後，八溝山地の南端で流れを東に変え，茨城県央部を経て那珂湊で太平洋に注いでいる。主な支流には箒川，武茂川，藤井川，涸沼川などがあり，流域面積は約3,270m²で，関東地方では利根川に次ぐ広さを有している。
　この流域は，高原山や那須山などのなだらかな山麓，喜連川丘陵や笠間丘陵，常総台地といった起伏に富んだ地形が発達しており，縄文人にとっては，格好の生活環境となっていたようである。現在，那珂川流域では500ヵ所以上の遺跡が確認

されているが，なかでも中期中葉から後期前葉にかけての遺跡はこの半数を越えており，全国有数の遺跡密度を有する地域として注目されている。
　これらの遺跡のなかで漁網錘が出土しているのは，筆者の管見でも50を越えており（図1），確認できた錘具は次の15種類である。

（1）土器片錘

　土器片の縁辺を打ち欠き，または研磨して整形したものである。長軸の端部に糸掛け用の溝が施されているA種（図2―1・2）と，単軸にも溝が施されているB種（同3）とがある。

（2）切目石錘

　偏平な河原石を錘具としたものである。長軸の端部にのみ糸掛け用の切目が磨り出されているA種（同4）と，短軸端部にも切り目が施されているB種（同5）とがある。

（3）有溝石錘

　切目石錘同様偏平な河原石を錘具としたものである。長軸方向にのみ連続した溝が磨りだされているA種（同6）と，短軸方向にも溝が施されているC種（同7）とがある。

（4）有溝土錘

　錘具として整形・焼成されたものである。溝と穿孔との関係で2類17種に分類されるが，那珂川流域では次の2類8種が出土している。
第1類　溝のみが施されたもの。
　A種　溝が長軸を一周するもの（同8）。
　B種　溝が側面を一周するもの（同9）。
　C種　溝が長軸と短軸を各一周するもの（同10）。
　D種　溝が短軸と側面を各一周するもの（同11）。
第2類　溝の他に孔が付随するもの。
　F種　溝が長軸を一周し，中央直交孔をもつもの（同12）。
　G種　溝が短軸を一周し，長軸孔をもつもの（同13）。
　H種　溝が側縁を一周し，長軸孔をもつもの

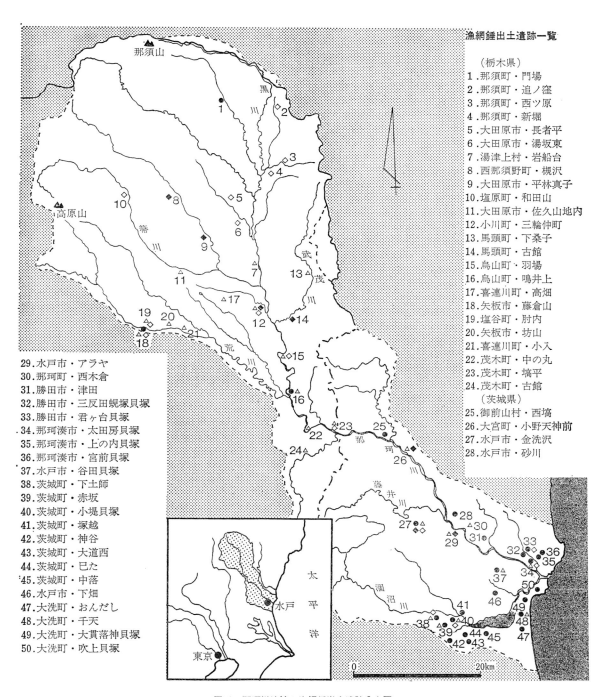

図 1 那珂川流域の漁網錘出土遺跡分布図
●土器片錘　◆有溝土錘　△切目石錘　◇有溝石錘

(同14)。
　P種　溝が長軸と側縁を一周し、長軸孔をもつもの（同15）。
（5）管状土錘
　錘具として整形・焼成されたものである。管状を呈するA種（同16）がある。

2　漁網錘の分布とその特徴

　土器片錘は、霞ヶ浦や古鬼怒川下流域を中心とした内湾砂泥性の環境で、阿玉台式期に急速に発達した錘具である。貝塚出土の魚骨類と骨角器との検討から、網用の錘具として製作された可能性

37

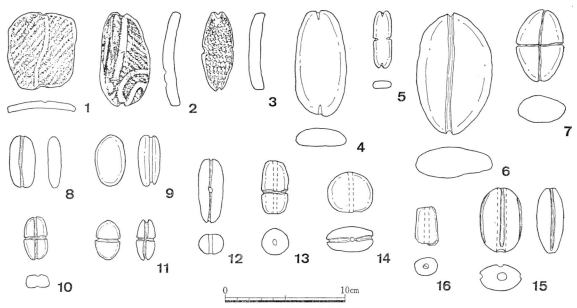

図2 那珂川流域出土漁網錘実測図
1：土器片錘A種（吹上貝塚），2：同（大貫落神貝塚），3：同B種（三反田蜆塚貝塚），4：切目石錘A種（肘内遺跡），5：同B種（鳴井上遺跡），6：有溝石錘A種（新堀遺跡），7：同C種（羽場遺跡），8：有溝土錘A種（金洗沢遺跡），9：同B種（同），10：同C種（羽場遺跡），11：同D種（金洗沢遺跡），12：同F種（羽場遺跡），13：同G種（金洗沢遺跡），14：同H種（同），15：同P種（三反田蜆塚貝塚），16：管状土錘A種（金洗沢遺跡）

が強いことが，従来の研究によって明らかにされている。

　那珂川流域でも，まず始めに出現するのはこの土器片錘である。吹上貝塚（図1–50）[3]や下畑遺跡（46）[4]例が示すように，中期後葉の大木8b式の後半から大木9式期頃にはこの種の漁法が伝播したようであり，下流域の遺跡で散見できる。中期末葉から後期前葉になると，おんだし遺跡（47）[5]や君ヶ台貝塚（33）[6]，小堤貝塚（40）[7]例など，涸沼周辺を含めた下流域へこの種の錘具が急速に普及したことがわかる。なお，平面形が鰹節形をしたものが圧倒的に多い点が，那珂川下流域の特徴のひとつである。

　一方，内陸部では土器片錘の出土例は少なく，現状では門場遺跡（1）[8]で中期末葉，肘内遺跡（19）で後期初頭のものとわずかに2遺跡で確認されているにすぎない。しかし，隣接する鬼怒川流域の宇都宮市二ケ山遺跡では，大木8b式の土器片錘が出土しており[9]，今後時期的に遡る可能性も残されている。

　次に出現するのは切目石錘である。現在のところ，那珂川流域では遺構にともなって出土した例がなく時期決定が難しいが，中期末までは確実に遡れるようである。主な遺跡として，栃木県域で

は肘内遺跡や藤倉山遺跡（18），三輪仲町遺跡（12）[10]例などが中期末葉から後期前葉，茨城県域の小堤貝塚が後期，柳沢太田房貝塚（34）[11]が晩期に属するものと考えられる。

　ただし，渡良瀬川支流の姿川流域に位置する宇都宮市御城田遺跡では，すでに中期後葉の大木9式に属する切目石錘が出土しており[12]，内陸部の河川域では土器片錘からの転換が早かったことが窺える。

　後期前葉には，切目石錘に加えて有溝石錘や各種の有溝土錘などが出現し，錘具の種類が豊富になっている。有溝石錘は，切目石錘以上に広範囲に分布しており，追ノ窪遺跡（2）や和田山遺跡（10）例が示すように，かなり上流でもこの種の錘具を用いた漁法が定着したようである。時期的には有溝石錘A種が後期前葉以後，C種は後期後葉以後に普及した可能性が強い。しかし現状では遺構出土の事例が少なく，詳細な時期の比定はここでは差し控えたい。

　一方，有溝土錘も後期中葉以後，各種が出揃うようであり，土器片錘に比べ内水面域でもある程度受容されている。三輪仲町遺跡や小野天神前遺跡（26），金洗沢遺跡（27）などでやや集中してみられるが，切目石錘などに比べるとその数は極めて

少ないといえる。なお各形態の出現時期に関しては，遺構出土のものが皆無であり，やはり今後の事例増加が待たれる。

3 縄文時代那珂川流域の網漁

那珂川に現在棲息する主要な魚類を，それぞれの生態を基に類型化し，河口の方から順に記すと次のようになる。

第Ⅰ類 汽水域の浅海砂泥性の環境を中心に棲息する，クロダイ・スズキ・ボラなど。

第Ⅱ類 流速の緩やかな河口付近や湖沼地帯など泥質の環境を中心に棲息する，ウナギ・コイ・フナなど。

第Ⅲ類 流れのある中流域で，砂礫質の環境を中心に棲息する，ウグイ・オイカワ・アユなど。

第Ⅳ類 上流域の淵などに棲息する，ヤマメ・イワナなど。

第Ⅴ類 産卵のため内水面域の河川に遡上するサケなど。

次に，これらの魚類と各種の錘具との対応関係について考えてみることにする。

中期前葉の阿玉台式期に霞ケ浦周辺や古鬼怒川下流域を中心に発達した土器片錘による網漁は，第Ⅰ類を主体とし，わずかに第Ⅱ類の魚種を対象とするものであった。中期後葉になって，那珂川下流域や内水面域にも，形態的には同一の漁網錘が伝播したことは前述したが，河口に近い三反田蜆塚貝塚(32)[13]や小堤貝塚などをみる限り，対象となった魚種は，霞ケ浦周辺と類似した様相を呈

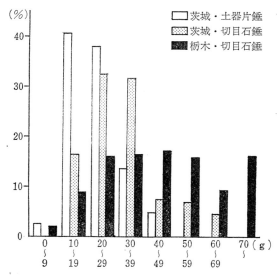

図3 土器片錘と切目石錘の重量分布図

している。また，いわき地方に比べると，この地域では釣針などの骨角製漁具は発達しておらず，クロダイやスズキは，やはり地曳網や刺網などの網漁によって捕獲されたものと考えられる。

一方，同時期に内水面域に伝播した網漁では錘具の素材が土から石に変わり，新たに切目石錘が出現した。この転換の要因としては，捕獲対象の漁種が第Ⅲ類や第Ⅴ類へと移り，漁場環境が砂泥から砂利へと変化したことによって，錘具自体に耐久性が必要となった点が指摘できる。また一方では，錘具の重量化も顕著である。

図3は，茨城県域の土器片錘や切目石錘と，栃木県域の切目石錘との重量分布を示したものである。これによれば，上流にあたる栃木県域のほうで，より重い石錘が作られていたことが明らかである。この変化は，流速のある中流域の漁場環境に応じて，錘具の重さが加減された結果と考えられる。

切目石錘や有溝石錘は，第Ⅳ類の魚種が生息する上流域を除いた河川各域に広く分布しており，内水面域でも積極的に網漁が受容されたようである。このように土器片錘に比べ切目石錘が卓越する現象は，中部地方の内陸河川域と共通する傾向であり，東関東地方でいち早く錘具の材質転換がなされたものが西へ伝播した可能性がある。

これに比べ有溝土錘は，本来東北地方を中心に発達しているが，那珂川流域では後期前葉に出現しているようである。全国的に，有溝土錘を多出する遺跡を見た場合，岩手県迫川流域の貝鳥貝塚[14]，古渡良瀬川支流の越名沼に面した栃木県藤岡町後藤遺跡[15]，古鬼怒川下流の手賀沼に近い千葉県下ケ戸宮前遺跡[16]など，湖沼地帯を控えた遺跡が多いことが注目される。

すなわち，有溝土錘はこうした砂泥性の漁場で，第Ⅱ類を中心とした漁種を捕獲する網漁の錘具として発達した可能性が強いのである。重量も切目石錘や有溝石錘に比べ軽量であり，材質が土である点と相まって，流速の遅いこうした環境での錘具である蓋然性が高いと考えられる。

4 まとめ

那珂川流域では，下流の貝塚地帯を除いては魚骨などの遺存体や，骨角器の出土例は現状では皆無である。こうした状況から，当時の内水面域の漁法を推測するには，残されている民俗事例が大

いに参考になるものと考えられる。

現在，那珂川や鬼怒川中流域で多数の錘具を同時に使用する漁法には，投網漁と引き網漁，刺し網漁などがあるが，錘具の重量や網の繊維を考慮するならば，縄文時代の投網漁の存在は難しいと考えられる。一方，刺し網漁の場合，単に網だけではなくヤスなどの刺突具などと組み合わされる場合が事例として多くみられる[17]。

考古学の所見でも，鬼怒川流域の晩期の代表的な遺跡である，宇都宮市刈沼遺跡からは錘具とともにサケの椎骨やヤスの出土が確認されており[18]，その関連が注目される。

他に，錘具を使う漁法の一つに脅し網漁がある。これは，石の錘や柳の葉などを結んだ綱を川幅いっぱいに張り，上流や下流に引きながら，跳ねる魚をハネ網で捕獲するという原始的な漁法である。この漁法もヤスや刺し網と組み合わされて用いられる場合もあり，切目石錘や有溝石錘もこうした錘具であった可能性も残されている。

これら現存の漁法の対象となった魚種は，サケをはじめアユ，ウグイ，オイカワ，コイ，フナなどであり，なかでも前二者を対象としたものが圧倒的である。縄文時代の捕獲傾向もほぼ同様であったと考えられるが，今後の遺跡での事例増加を待ちたい。

5 おわりに

一般に，縄文時代の漁業を考える場合，貝塚のイメージのみ強調されがちな傾向がある。しかし実際には，内陸部においても長野県栃原遺跡[19]例や東京都前田耕地遺跡[20]例が示すように，草創期以来連綿と河川漁は行なわれ，中期後葉以後急速に発達していたのである。今後，特殊泥炭層のみならず，ローム台地上の遺跡においても，焼土や床面などのサンプリングを積極的に実践し，偏った資料の補正に努力する必要があると考えられる。そして，網漁以外の漁法の実態も考慮したうえで，当時の各地域における労働編成や，さらには領域の研究なども発展的に考えられなければならないものと思われる。

最後に，小稿を作成するにあたり渡辺誠先生をはじめ，藤本武，柏村祐司，瓦吹堅，塚本師也の各氏からは種々御教示をいただいた。ここに厚く御礼申し上げます。

註

1) 渡辺 誠『縄文時代の漁業』1973
2) 上野修一「栃木県における縄文時代の網漁について」栃木県考古学会誌，7，1982 や，山本直人「加賀における縄文時代の網漁について」石川考古学研究会々誌，19，1983 などがある。
3) 上川名昭編『大洗吹上遺跡』大洗吹上遺跡調査団，1972
4) 井上義安編『水戸市下畑遺跡』水戸市下畑遺跡発掘調査会，1985
5) 井上義安編『茨城県大洗町おんだし遺跡』大洗町教育委員会，1975
6) 川崎純徳・鴨志田篤二『君ケ台貝塚の研究』勝田市教育委員会，1980
7) 井上義安編『茨城町小堤貝塚』茨城町史編さん室，1987
8) 渡辺龍瑞・川原由典『門場遺跡』栃木県教育委員会，1972
9) 上野修一前掲著 2）所収
10) 上野修一「三輪仲町遺跡」『栃木の遺跡』日本窯業史研究所，1981
11) 藤本彌城編「柳沢太田房貝塚」『那珂川下流の石器時代研究Ⅰ』1977
12) 芹沢清八『御城田遺跡』本文編，栃木県教育委員会，1987
13) 金子浩昌・鴨志田篤二『茨城県勝田市三反田蜆塚貝塚』勝田市教育委員会，1987
14) 草間俊一・金子浩昌編『貝鳥貝塚』花泉町教育委員会，1971
15) 竹沢 謙ほか「後藤遺跡」『東北縦貫自動車道埋蔵文化財発掘調査報告書』栃木県教育委員会，1972
16) 我孫子市教育委員会，石田守一氏の御教示による。
17) 柏村祐司編『下野の漁撈習俗』栃木県教育委員会，1975
18) 下野考古学研究会，五十嵐利勝氏の御教示による。
19) 西沢寿晃「栃原岩陰遺跡」『長野県史』考古資料編，1982
20) 前田耕地遺跡調査会『前田耕地遺跡』Ⅰ，1977

三浦半島の弥生時代漁具

神奈川県立博物館
神澤勇一
（かんざわ・ゆういち）

三浦半島の弥生時代の漁具は今のところ洞窟遺跡からのものだけが知られるが，外洋性漁具が主体をなし，地域的特色をよく示す

1　漁撈具資料と研究の現状

三浦半島における弥生時代漁具は，現在，海蝕洞窟遺跡10個所から出土した約150例が知られるだけである。しかも海蝕洞窟遺跡自体，大部分が東京湾口から南へ細長く突出した南端の岩礁性海岸地帯に集中する局地的存在で，立地条件ならびに三浦半島全体の自然環境からみて，そこにおける漁具漁法が全域に普遍的なものとは言えない。

漁具漁法の把握解明も非常に不十分な状態にある。遺跡の特殊性と稀少性に加え，これまで漁具漁法研究に不可欠な，実測図・写真・記載を兼備した調査報告書が少なく，展覧会図録や発掘調査略報などで簡単に紹介されるに止まっていることが原因であろう。したがって，ともすれば誤認・混乱の発生を招くため，本稿では概説とそうした問題の是正を兼ね，各種資料を照合整理のうえ，細部が多少不明でも一応識別できた資料120例を採りあげた。なお，資料整備と全体把握を優先させ，時期別区分はあえて保留する。

2　器種の概要と例数

資料は基本的用途に従い，1 刺突漁具，2 釣漁具，3 突起漁具，4 網漁具，5 その他に大別，形状・構造・機能・材質などで細分する。

（1）　刺突漁具

ヤス頭，固定式銛頭，回転式離頭銛頭の3種類がある。総数59。漁具の約50％を占め，ヤスの組合せ使用数を考慮しても，主要な漁具と言える。

骨角製ヤス頭＝40例。器体長最大 26cm から最短 7cm まであるが，約3分の2が10～15cm（とくに10～12cm）に集中している。形状には，A＝直線状（図 1・5・7・8），B＝全体彎曲（図 11・12），C＝単純外傾――茎部片側の切削による――（図 2・6・9）の3種があり，A対B・Cの比は約1：2。そして全体の約3分の2の器体と茎部に組合せ使用の痕跡が認められる。単独使用例の存在は当然考えられるが明確に把握し難い。

素材には多くの場合シカの中足骨が使用されているらしい。また少数ながら，ウミウの管骨，エイの尾棘，小型獣の肋骨など，骨の形状や特質を利用した例が注目される（図 2・3・4・6）。

固定式銛頭＝9例。器長が 6cm 前後の小型銛頭（図 14）2点以外，10～15cm の大型（図 13・15）である。逆刺は小型の場合先端片側に1個，大型の場合両側面に数個，交互または並列的に付くのが一般形らしい。先端を三角形状に造りだした逆刺1個だけを設けたものも1例存在する。

茎は小型の2例では有茎鏃状に細長く造り出されているが，大型では全般に幅，厚さとも主体部と大差のない頑丈な造りである。ほかに，離頭式銛頭の可能性が多いものが数例あるが，確定困難なため一応指摘だけしておく。

回転式離頭銛頭＝10例。縄文文化の系譜をひく鹿角製燕形銛頭。構造上，A＝単体形式（図 30）4例，B＝先端嵌入形式（図 27～29）6例の2種類がある。尾部形態は，Aで単純尖尾2，二尾1，三尾3，Bでは単純尖尾0，二尾2，三尾3，不明1となっており一定傾向を見出し難い。索孔はすべて1個。索孔に接し，器体強化目的の緊縛用紐溝を設けた例もある。B形式では，別に先端固定用の穿孔1と嵌入用切込があるが，切込

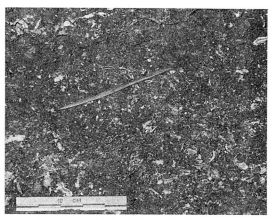

間口洞窟遺跡骨製ヤス頭出土状態（図5の例）
（神奈川県立博物館提供）

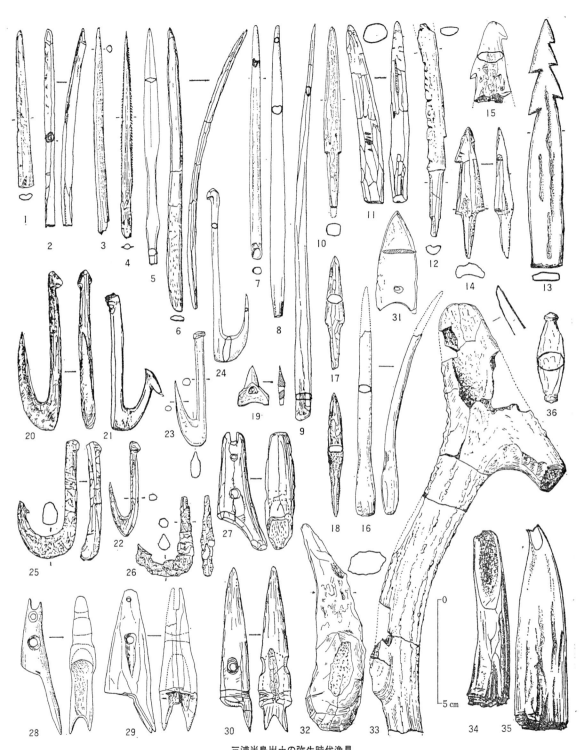

三浦半島出土の弥生時代漁具

ヤス頭=1〜9・11・12・16，固定式銛頭=13〜15，回転式離頭銛頭=27〜30，単式釣針=20〜25，角柄装着式釣針（鉄製針先）=26，イソガネ形角器=32〜35，角製漁網錘=36，鏃形骨器=18，鏃形角器=10・17，鏃形牙器=19，鏃形貝器（貝鏃）=31
(2・18・20：猿島洞窟遺跡，6・21・33〜35：毘沙門C洞窟遺跡，13：鳥ヶ崎洞窟遺跡，14・26・27：毘沙門B洞窟遺跡， 22：大浦山洞窟遺跡，前記以外：間口A洞窟遺跡）

42

器種・遺跡別漁撈具出土例数

用途 名称 例数/(%)	器種別 器種細別 名称・例数		洞窟遺跡別各器種出土例数									
			横須賀市猿島	横須賀市鳥ヶ崎	三浦市雨崎	三浦市大浦山	三浦市間口A	三浦市毘沙門B	三浦市毘沙門C	三浦市向ヶ崎B	三浦市海外	三浦市西ノ浜
刺突漁具 59(49.2)	骨角製ヤス頭	40	2	0	2	4	21	0	2	1	8	0
	固定式銛頭	9	0	1	1	0	2	1	1	0	3	0
	回転式離頭銛頭	10	0	0	1	3	4	1	0	1	0	0
釣漁具 21(17.5)	単式釣針	16	2	0	1	2	7	0	2	1	0	1
	角柄装着式釣針	5	0	0	0	0	0	1	0	0	4	0
突起漁具 8(6.7)	イソガネ形角器	8	0	0	0	4	0	4	0	0	0	0
網漁具 3(2.5)	土製漁網錘	2	0	0	0	0	2	0	0	0	0	0
	角製漁網錘	1	0	0	0	0	1	0	0	0	0	0
その他の漁具 29(24.1)	有茎鏃形骨角器	20	1	0	3	1	6	0	3	1	5	0
	無茎鏃形角器	2	0	0	1	0	0	0	0	0	1	0
	無茎鏃形牙器	2	0	0	0	0	1	0	0	0	1	0
	鏃形貝器(貝鏃)	3	0	0	0	0	3	0	0	0	0	0
	尖頭形貝製品	1	0	0	0	0	1	0	0	0	0	0
	磨製石鏃	1	0	0	0	0	1	0	0	0	0	0
総例数 120(100%)			5	1	9	10	53	3	12	3	23	1
主要関係文献（註番号に同じ）			2・4	1	10	2・4	2・5・6	2	2	2・4	8・10	9

と索孔貫通方向が一致するもの４例，直交するもの２例。図29は穿孔が著しく小さい。

先端に装着する銛先は不明である。後述する鏃形牙器（サメ），無茎鏃形角器，鏃形貝器の一部にその可能性が考えられ（図19・31），また無茎鉄鏃形の先端もあったのではなかろうか。装着部分にアスファルト使用の有無は定かでない。

（２）釣漁具

単式鹿角製釣針と角柄装着式釣針（鉄製針先と角製針先）の２種類が知られる。総数21例。

単式釣針＝16例。軸長８cm前後の大型釣針と5cm前後の小型釣針とに，かなり明瞭な分離を示すが，１例だけ，軸長2.5cmの極小型釣針がある。

器形察知可能な釣針は破片を含め11例。無鏃式釣針が８例と多数を占め，外鏃式は大型に１例，内鏃式は大型と小型に各１例ある。無鏃式には精製品が多く，器形の類似性が強い。大型釣針は器体に捻れがあり，図25の例の如く，粗製で幅広の例を混じえる。また図24に示した釣針は軸が極端に長い特殊な形で，擬餌針の疑いを残す。

角柄装着式釣針＝５例。針先の軸部上半を細い円柱状の角柄に付ける大型釣針。完形品は海外洞窟遺跡出土の１例のみであるが，すべて推定全長10cmを超す。針先は鉄製（図28）と鹿角製があ

り，鏃の付く場合が普通と思われる。前述の海外洞窟遺跡例では，鹿角製大型針先の曲り部分に，幾分反りをもつ大型外鏃が１個ある。

いずれも近世の例より，擬餌針と推定できる。

（３）突起漁具

アワビオコシまたは広義のイソガネに機能的比定可能な一群。総数８例。先端を単純に尖らせただけのものと，鋭角にしたものとがあり，さらに後者は大型と小型に別れる点で用途に基づく器形分離と考えられるため，イソガネ形角器と呼ぶ。

数は前者２例，後者６例。後者の大型品は２例で全長20cmを超すが，他の２例は10cm前後，着柄の有無は定かでない。図示の角器中，33・34は片刃，35は小型両刃である。いずれも刃先以外，鹿角の原状を多く残す粗製品となっている。

（４）網漁具

間口洞窟遺跡から素焼の一般的有孔土製漁網錘２，小型角製漁網錘１が出土している。現在他遺跡の出土例はないが，注目すべき資料と言える。

土製漁網錘は球形（26×26mm）と紡錘形（26×36mm）で，直径6mmの紐穴が貫通したもの。小型角錘（図36）は両端に紐掛突起が付く。全面に切削痕を止める粗雑な造りながら，明らかに完成品で，使用に伴う損耗を認めることができた。

（5） その他の漁具

　確証こそ欠くが，刺突漁具またはその一部に使用された可能性が多分にある鏃形骨角器，鏃形貝器（貝鏃），磨製石鏃などを一括した。これらについてはすでに触れたので，本項では省略する。

　ただ，5に一括した種類は，一義的には当然矢へ装着した狩猟具と見做すべき遺物であるが，民族事例に弓漁法も存在する以上，一考の余地があって然るべきと判断し，問題提起の目的であえて採りあげておきたい（図10・17・18・19・31）。

3　洞窟遺跡出土漁具の概観と検討

　洞窟遺跡出土漁具の器種別概要は前述のとおりである。説明不十分を免れ難いが，細部は別表に掲げた文献で補って頂くことをお許し頂き，次にそれらの特長・傾向などに触れたいと思う。

　まず基本的用途別では，表からわかるように，刺突漁具が半数。その他の漁具を除けば，64.8％で刺突漁法が主要な位置を占め，釣漁法がそれに次ぐのは明瞭であろう。器形，製作手法，素材などにある程度共通的特徴を示す群の存在は，対象魚種の種類と習性に従い，意識的な選択から生じた器形分化を示すものに他なるまい。

　しかし解明すべき問題は多い。ヤスの構造，ヤス先の組合せ，回転式離頭銛頭の先端と固定法を始め，各器種内の種別構成比率などがある。

　釣針については擬餌針の存在に注目する要があろう。註4文献でも指摘されているが，沖釣漁は相当行なわれたと想定できるし，おそらく魚種の把握により裏付けられると考えられる。このことは，大型魚類を主対象とする回転式離頭銛頭の存在からも伺えよう。これまで判明したところだけでも漁具その他出土遺物に外洋的色彩が濃く，地域的環境特性との一致を示す。ただ沖釣漁に関しては潮流が速く，かつ強い海域であり重量のある釣漁錘が不可欠となろうが，現在，該当遺物は見当らず注意も払われていない。各漁法の中心的な遺物の検索は当然ながら，付随品を無視することは実態の把握に繋がらないことを考えるべきである。同じ事は本海域の網漁についても言える。従来，土製漁網錘，石製漁網錘の出土が無いだけの理由で否定的見解が支配的であったが，間口洞窟遺跡出土例で存在が立証される。出土例数が少ない点に問題はあろうが，岩礁性海岸地帯という条件を考慮すれば土製品は破損頻度が高い点と重量

の点で適性に劣り，むしろ自然礫の使用を検討する必要がある。洞窟遺跡のような特殊な立地条件下の遺跡では，不定形の石器その他をむしろ注意すべきではなかろうか。とくに指摘しておきたい。

　次にイソガネ形角器の一群に関してであるが，これがアワビ，トコブシなど岩礁に吸着棲息する貝類の捕獲具であったことは，器体の傷痕，折損状態および現代のイソガネとの形態類似から肯定できる。洞窟遺跡出土遺物中アワビ製品は非常に多く，包含層中から多量に出土する殻も，それを裏付ける。ただ，それに比べわずか8点の出土例しかない点，硬質木製または鉄製の用具を使用した可能性も一応疑ってみる必要があろう。

4　今後の研究課題

　海蝕洞窟遺跡出土漁具の解明は，当面，三浦半島南部沿岸地域居住者の生活実態の把握に重要な手掛りとなる。それを進めるには3項で具体例を挙げて，二三指摘したが，同時に漁具の構成比率と捕獲魚種およびその種別比率の確認，最近急速に類例が増加してきた隣接地域資料との適確な対比が緊急課題である。必然的に，半島内他地域の沿岸集落の漁具の検討も必要となろう。その基礎として，まず何よりも正確・緻密な調査報告の早急な提示と資料の公開を強く要望する。

註
1) 赤星直忠「鴨居洞穴の発掘」考古学雑誌，14―12，1924
2) 赤星直忠「海蝕洞窟―三浦半島における弥生式遺跡―」神奈川県文化財調査報告，20集，1953
3) 岡本　勇「関東地方の洞穴遺跡概況」『日本の洞穴遺跡』日本考古学協会（平凡社刊），1967
4) 剣持輝久「三浦半島における弥生時代の漁撈について」物質文化，19，1972
5) 神澤勇一「間口洞窟遺跡（資料編）」神奈川県立博物館発掘調査報告書，6，1972
6) 神澤勇一「間口洞窟遺跡（1～3）」神奈川県立博物館発掘調査報告書，7～9，1973～1975
7) 赤星直忠・岡本　勇『神奈川県史（考古資料）』神奈川県史，20，1979
8) 海外洞穴調査団「三浦市海外洞穴調査の概要」横須賀考古学会年報，26，1980
9) 西ノ浜海蝕洞穴発掘調査団『三浦市西ノ浜洞穴』1983
10) 横須賀考古学会『三浦半島の海蝕洞穴遺跡』横須賀考古学会，1984

愛知県朝日遺跡のヤナ

一宮市博物館
■ 田中禎子
（たなか・ていこ）

愛知県朝日遺跡では弥生時代後期の上り簗が発見された。
そこで，簗漁の起源と弥生時代の漁業の一形態を概観する

近年低地遺跡の大規模な発掘調査により，植物質素材の遺物や遺構が多量に検出されるようになった。従来ほとんど知られていなかった簗，筌，笯，四つ手網などの漁具も，その例に漏れず検出例が増えつつある。そのなかでも規模の上で目立つのが，河道に設置され廃棄された状態で発掘される簗の遺構である。簗は，河川に設置される陥穽漁具である。昭和34年に発行された『明治前漁業技術史』[1]によれば，「簗は，河川の一定水域を竹簀等を以て次第に狭く遮断し，其最奥部に乗上げ，筌等の陥穽具を設けて捕魚する定置的強制陥穽具」とある。また，簗には川を遡上する魚を捕る上り簗と，下る魚を捕る下り簗がある。いずれにしても現在では，一部を除いて簗は河川から姿を消しつつあるのが現状である。

そのなかで，昭和61年の8月には滋賀県神崎郡能登川町で古墳時代前期から中期の，愛知県西春日井郡清洲町の朝日遺跡では弥生時代後期の簗の遺構があいついで検出された。両者は単に旧河道内に杭列が残っているばかりでなく，簀を利用した遺構も確認された。とくに朝日遺跡ではウレタンフォームによって固定し，裏返して精査することによって，構造が一段と明らかになった。現在では竹や木を利用したものからビニールやコンクリートを使った簗へと変化してしまったものが少なくない。これらの発見は，簗の構造，製作技術，歴史的変遷を知るうえで重要な役割を果たすといえよう。

ここでは調査に筆者が参加した朝日遺跡の簗を取り上げ，現在の簗に通じる技術やその変遷を検討してみたいと思う。

1 朝日遺跡の概要

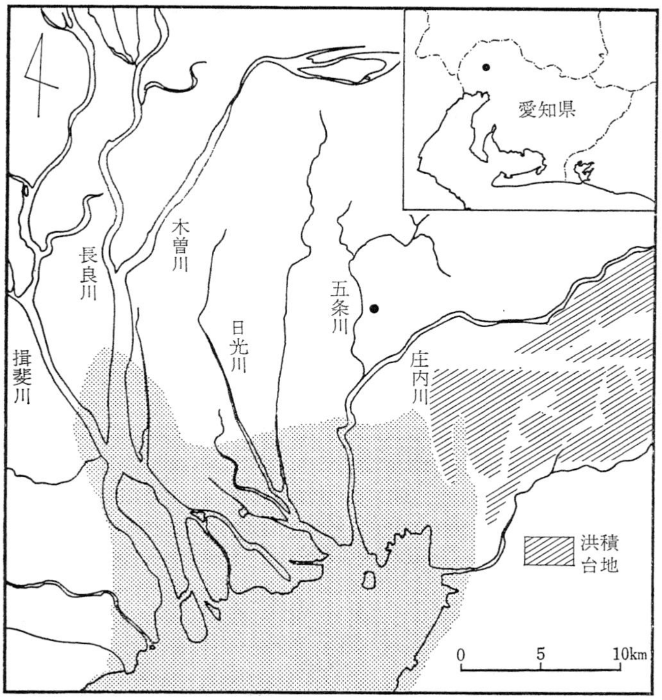

朝日遺跡は愛知県西春日井郡清洲町を中心に春日村大字下之郷，新川町大字阿原，名古屋市西区平田町に広がる，弥生時代全期間にわたって営まれた集落跡である（図1）。五条川左岸に形成された微高地上に位置し，標高 2.5m，居住域，墓域の推定面積が70〜80万 m² にのぼる。当時の海水面は現在より 2〜3m 低位にあり，朝日遺跡の立地する微高地は河川の下刻作用によってできたものである。遺跡の面していた海岸線は流動的で，広範囲な干潟を形成していたと考えられる。

朝日遺跡は昭和初期の段階から発掘調査が行なわれてきたが，大規模な調査は名古屋環状2号線道路敷地に関する調査からである。とくに，昭和60年から実施された愛知県埋蔵文化財センターによる調査では，大量の木製品，各種の骨角器，および方形周溝墓などが検出され，遺跡の生活史を知る上で重要な役割を果たしている。

現在までの発掘調査から，復元された朝日遺跡の全体像を，愛知県埋蔵文化セン

図1　朝日遺跡の位置（●印）と海岸線

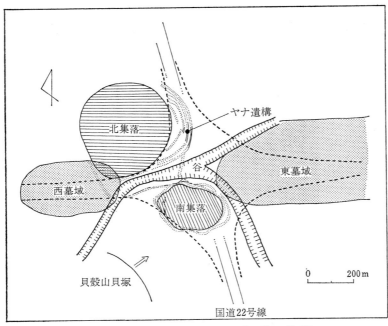

図 2 朝日遺跡の概略図（現地説明会資料に筆者が加筆）

ターの石黒立人氏による『埋蔵文化財愛知』の中での紹介[2]，現地説明会の資料などをもとに，その概略を記すと次のとおりである（図2）。

朝日遺跡の集落は，谷によって切断された南，北，東の微高地上に展開する。弥生時代前期から後期に至る間に，3回の画期が認められる。第1期は貝殻山貝塚地点を中心として展開する弥生時代前期から中期にいたる期間である。ここではほぼ環状に貝塚群を形成する。前期の後半になると，旧河道の北側にあたる微高地の西部に新たに居住域がもうけられる。貝塚と居住域が一体となった地区と居住域のみの地区の両者が併存する。中期の初頭には，この居住域は旧河道を挟んだ南北の微高地に拡大し，東側の微高地にまで及ぶ。

第2期は中期の前葉から後葉にかけての時期である。居住域は，北側の微高地に造られた環濠のなかに移る。この居住域の周囲には，溝や土塁，柵といった防御施設が築かれる。これは中期の末葉にも築かれ，他の微高地は墓域になる。貝類も旧河道や溝に廃棄されるようになる。

第3期は中期末葉から後期にいたる期間である。この頃には東側の微高地上の墓域が消滅し，西側，南側の微高地に盛んに方形周溝墓などが造られるようになる。集落は第2期のような防御施設を持たず，南と北の微高地に環濠の形成をみるのみである。中期に盛んであった貝類の廃棄も小規模なものに変わる。同時に方形周溝墓，住居の形態，土器の製作技術にも変化がおきる。このように，第2期のとはやや様相の違った集落が営まれるようになるのである。

2 朝日遺跡の簗

（1） 簗の位置

簗は，弥生時代中期になって谷を挟んだ北側の微高地に造られる環濠を補強する形で，人工的に掘られた溝から検出された。この溝は人工的なものであるが，河川と同様水が流れていたと考えられる。溝の幅は約5mで，底面は粗砂に覆われている。また，簗の検出された高さは標高約 0.8m である。しかし，これは本流とは違い幅も狭く，支流のまた支流であったと言える。したがって，本流ほど潮の干満は影響していなかったのではないかと考えられる。朝日遺跡を分かつように流れる旧河道も，後期の段階では流れが盛んになり，ケイ藻分析の

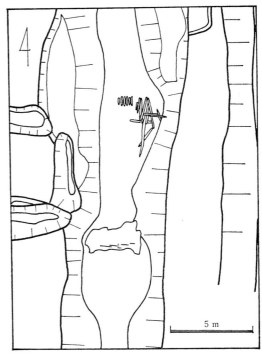

図 3 簗遺構の検出状況（上が上流）

結果も淡水を示すということである。河川を汽水域，コイ域，オイカワ域，アマゴ域に分ける分類では，コイ域に含まれると考えられる[3]。

（2）築の構造

朝日遺跡の築は大きく分けて2つの部分から構成される（図3）。1つは，上流側に設けられた堰の施設である。これは川幅の一部を残して流れをせき止め急流をつくり，流れのある方へ魚をおびき寄せるためのものである。この施設は水流を調節し魚が遡上しやすくすることと，魚をさらに上流へ遡らせないという2つの機能を持つものである。そしてもう1つの施設は，下流部に設けられた簀を木の枠にのせた施設である。これは下流から流れに逆らって遡ってくる魚を簀の間から通し水流の関係で再び下流へは出られないようにするものである。この両者によって，本遺跡の築は成り立っている。次に，それぞれについて詳しく記すことにする。

まず上流の堰は，ちょうど溝の幅が広くなったところに水流とは直角方向に築かれている。確認された杭列は16本で，樹種は一定ではない。この杭は集落のある側の岸から約1mほどの間隔をおいて第1本目が打ち込まれている。杭と杭の幅は5〜10cmで，杭の太さは直径8cm前後のものがもっとも多く見られる。長さは左岸側の杭が平坦面よりも高く，集落側の杭が平坦面と同じくらいの高さである。また，この杭列の上流側には3カ所で，杭に張り付けられたかたちで網代が検出された。これは全面的に残っていたわけではないが，おそらく使用時には杭列の全面に張られ，水流をせき止めるはたらきをしていたであろう。この網代は薄く割いた材で幅約5mmのものを6本組み合わせ，幅3cmの1単位を作り2本越え2本潜り1本送りの網代編みにしている。材と材の間には隙間はない。これは水流をせき止めるに十分な密度であり，かつ1単位が何本かの材で構成されているために，過分な水圧がかかった場合でも柔軟性があったのではないかと考えられる。さらに，下流側からは倒壊防止用の補助的な杭が打ち込まれている。これは杭列に横木を当て，先端が二またになった杭で斜めに支えるものである。平坦面より高い杭がうち込まれた左岸側に残存していた。

次に，下流側の簀を張った遺構は，上流の堰から約6m下の位置に築かれていた。溝は堰のところでいったん広くなり，この簀にむかって徐々に狭められ，簀のところでふたたび広くなる。簀の遺構は下流側が高く，上流が低くなるように斜めに取り付けられている。幅3.7m，長さ2.0mの木枠にのせられていたと考えられ，簀自体は幅が約3.2m，長さが約1.8mである[4]。水流のためか簀は左岸の方に傾いている。この簀の材質は，まだ調査結果が出ていないので不明であるが，おそらく水辺に生えるヨシなどであろう。河口に近いためヨシなどの植物は手に入れやすかったと思われる。

この簀の裏側を調査したところ，簀がどのように支えられているかが明らかとなった（図4）。まず，水流と直角に幅2mの間隔で2列の杭列がつくられる。その両脇には廃材を利用して横枠が取り付けられる。その上にのせる簀は作成に手間がかかるので，川岸であらかじめつくられたものを木枠に固定したのではないかと考えられる。簀は水流に対して直角，平行，直角の三重にヨシが重ねられてつくられている。しかし，上流側の水底に近い部分は一重で，魚が入れるようになっている。この三重の重い簀全体を支えているのが6組の割り材の束である。これは簀の裏側に水流とは直角に6カ所に渡されている。それぞれの束は欠損しているものもあるが，4本から6本の材をねじり合わせて束ねている。こうすることでより強度を高めているものと考えられる。1組を構成する割材は幅が約1.5cmで，各所に竹，笹類独特の節が見られる。節は二環状になっており，竹ならば自生種であるマダケなどであろう。この束は10cm〜16cmの間隔で渡され，いくつか真ん中で交差しているように見える。しかし，右岸側の破損度が高いため，詳細は不明である。この割材の束は，簀に直径2mmほどの蔓によって編み込まれて固定されている。

上流の堰と下流の簀との間は6mほど離れており，とくに右岸には一段低い平坦面がつくられている。これは堰と簀の間に入り込んだ魚を，その平坦面からタモなどの漁具で捕獲するものとも考えられる。上流の堰の杭と右岸との1mの隙間は，後期には土砂が堆積していたという。簀の破損度が高いのは右岸側であり，これは右岸側に強い水流が流れていたことを示している。杭に張られた網代も現在は残っていないが，精粗があり右岸側から水流が流れるようにしていたのであろう。

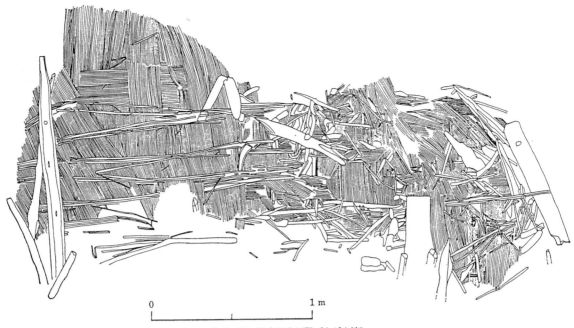

図 4 簗の簀裏面実測図（上が上流）

（3） 考 察

　朝日遺跡では，簗の他にもモリやヤスといった骨角製の漁具が多数出土している。貝層も前期から後期にいたるまで，盛衰はあるものの連綿と形成される。貝層は中期に最盛期をむかえ，後期になると衰退する。それとともに漁具の出土量も減る。そのような時期に簗はつくられていたのである。

　貝類の主体を占めるのは，湾中央部の砂質底に棲むハマグリや湾奥部の砂泥底に生息するマガキ，汽水産のヤマトシジミ，淡水産のタニシなどである[5]。後期の段階での貝層の分析資料がないので直接的ではないが，中期の貝層から検出される魚類には，アユ，ウグイ，フナやコイといったコイ科の魚類，ウナギやドジョウなどがあげられる。これらは，汽水域からコイ域に主にみられるものである。

　ヤスやモリによる大型魚の刺突漁とともに，河川漁がさかんであったことがうかがえる。朝日遺跡の簗は，産卵のため春に遡上するアユや降海型のウグイをはじめとして，ゴリなどを対象にしていたのであろう。

3　若干の考察

　朝日遺跡の簗は，水流調節を行ない，簀を通して魚を誘い込む上り簗としては最古のものである。最も古い簗の例は，岩手県蒔内遺跡の下り簗である。これは，上流に向かって八字に開口し，真ん中に魚をためる陥穽部を持つものである。下流へ下る魚を，杭列に沿って陥穽部に入れてしまう仕組みになっている。現在のところ簗の遺構は，先の2例を含めて9遺跡で確認されている。これらを現段階で形態，対象魚種などを考え合わせて分類すると，次のようになる。

1　上り簗
　a　サケ漁用のもの
　b　小規模な河川で行なわれ，上流部の堰と下流部の簀から構成されるもの。
2　下り簗
　a　上流に向かって八字に開口し，真ん中に陥穽部をもつもの。

　1aのものは2遺跡あり，すべて北海道である。第1例は北大の構内遺跡であるサクシュコトニ川遺跡のものである。簗は支流の旧セロンベツ川から検出され，遺構の間からはアイヌ民族の使うマレップと呼ばれる突き鉤，捕ったサケの頭をたたくイサパキックニというたたき棒に類似した漁具などが出土している。焼土からは，サケ科の魚骨が最も多く出土するという。杭列は，下流に向かって八字状に開く。第2例は札幌市K483遺跡の簗である。時期は不明であるが，遺構からはマレップが出土している。これは，前者のものより複雑

表 1　簗遺構出土遺跡一覧表

遺　跡　名	時　期	分　類	文　献
北海道　旭川市　錦町 5 遺跡	擦文時代	不　明	旭川市教委報告書　第 3 輯 1984
〃　　　札幌市　サクシュコトニ遺跡	擦文時代	1 a	北大埋文調査室報告書 1986
〃　　　　　　　K483 遺跡	不　明	1 a	札幌市教委報告書 XXXV 1987
岩手県盛岡市　蒄内遺跡	縄文時代晩期	2 a	岩手埋文報告書　第29集 1985
愛知県西春日井郡　朝日遺跡	弥生時代後期	1 b	愛知県埋文センター年報　昭和61年度 1987
滋賀県坂田郡　長沢遺跡	弥生時代中期〜後期	不　明	滋賀県教委国道 8 号線関連報告書III 1973
〃　神崎郡　斗西遺跡	古墳時代前期〜中期	1 b	能登川町教委現説資料 1986
福岡県大野城市　仲島遺跡	中　世	1 b	大野城市教委報告書　第12集 1984
〃　福岡市　瑞穂遺跡	古墳時代前期	不　明	福岡市教委報告書 1980

である。陥穽部が設けられており，ここでマレップなどでサケなどを捕獲するのであろう。

詳細が不明なものと蒄内遺跡の例を除くと他の例はすべて 1 b に属する。朝日遺跡の簗に時期的にも近く，類似しているのが滋賀県斗西遺跡のものである。古墳時代前期から中期に属す。簀の部分が 2 段構えになっている点が，朝日遺跡とはちがいがみられる。他に，中世の例で福岡県仲島遺跡の簗がある。これは，簀の部分が細い竹で組まれている。ヨシが使われないのは，地域的な差，時期的な差の両者の可能性がある。

その他に，北海道錦町 5 遺跡の擦文時代の例，滋賀県長沢遺跡の弥生時代中期から後期の例，福岡県瑞穂遺跡の古墳時代の例が挙げられる。しかし，これらはいずれも一部分と見られ，全体の形態など詳細は不明である。

このように簗は蒄内遺跡の下り簗を最古のものとして，弥生時代後期にはヨシ簀を利用した上り簗漁が行なわれていたことがわかる。同時に，小規模な河川において簗を利用し，比較的小さな魚を捕獲する食料確保の変化にも注目していかねばならないであろう。

また，北海道の 2 遺跡においては対象魚種を限定し得る漁具が出土し，簗の機能，歴史を考える上で重要な示唆を与えてくれているといえる。

現在，簗と同様発掘資料の数が増えつつある筌，四つ手網の枠，タモ枠，網の浮子なども今後重要になってくるといえる。これらは現在，非常に断片的な資料でしかない。現在の簗漁を見ても，簗本体の堰に当たる部分と簀だけでは魚は捕獲できない。かならず筌などを併用するか，投網をうつか，四つ手網やタモを使って魚を追い込むなどしてとらえるのである。

筌などは，すでに大阪府山賀遺跡から弥生時代

前期のものが出土している。この筌の素材は竹ではなく，カヤが使われていることも注目されている。また，弥生時代後期の例である福岡県辻田遺跡の筌の材質は竹であるという。朝日遺跡においても，後期の段階での竹の利用が注目されるところである。これらの漁具はお互い併用されるものであり，単独で理解され得るものでない。また，捕獲対象となった魚類に関しても，自然遺物の検討によって推測の域を出た実証的な結論を得られる。

今後ますます低地遺跡の発掘調査が増加するなか，植物質素材の漁具の検出も増加すると思われる。朝日遺跡のように，裏側の精査といった周到な調査がされることも期待される。その際，それ自身の持つ情報とともに周辺の環境，併用される漁具，自然遺物についても注目していかなければならないであろう。

末筆ながら，今回執筆の機会を与えて下さり，終始ご指導いただいた恩師の渡辺誠先生をはじめとして，種々ご教示，ご指導いただいた山田耕治先生，愛知県埋蔵文化財センターの石黒立人氏，池本正明氏，名古屋大学学生の野中健一氏，久保和士氏の諸氏に深謝の意を表する次第である。

註
1)　日本学士院編『明治前漁業技術史』1959
2)　石黒立人「朝日遺跡の変遷と特質」埋蔵文化財愛知，6，1986
3)　津田松苗・御勢久右衛門「吉野川の水棲動物の生態学的研究」奈良県綜合文化財調査報告書，1954
4)　池本正明「ヤナ遺構」愛知県埋蔵文化財センター年報，昭和61年度，1987
5)　渡辺　誠・田中禎子「朝日遺跡貝層ブロック・サンプリングの調査報告」愛知県埋蔵文化財センター年報，昭和62年度，1988
6)　渡辺　誠「弥生時代の筌」『稲，舟，祭』松本信廣先生追悼論文集，1982

北陸地方の漁網錘

石川県立埋蔵文化財センター
■ 山本直人
（やまもと・なおと）

北陸地方では縄文中期後葉になって土器片錘や切目石錘を使った網漁が盛行し始め，奈良時代に至って飛躍的に発展する

　四方を海で囲まれている日本列島においては，人間の社会生活が海なくしては成立しえなかったことは，いまさら言うまでもない事実である。北陸地方の地形については，能登半島が日本海に大きく突き出し，その東西には富山湾と若狭湾が深く湾入して地域全体のほぼ半分が海に面している。また一方，急峻な山脈・山地を源にした河川が，清澄な流れを日本海に運んでいる。こうした地理的環境を持つ北陸地方においては，ことのほか漁業・塩業が人々の重要な生業になっていたことは想像にかたくないことである。

　このうち塩業の研究は盛んで活発に議論されているが，漁業の研究は塩業のそれに比べて積極的に研究されている分野とは言いがたく，やや立ち遅れているように思われる。本稿では北陸地方の各遺跡から出土している漁網錘を分析し，網漁の観点から漁業史の一側面に光を当ててみたい。また北陸地方と言った場合，行政区域では一般的に福井県・石川県・富山県の３県を指すが，ここでは石川県を中心にして福井・富山の両県は補足的に取り扱うものである。さらに時代的には縄文時代から平安時代までを対象としており，前半の縄文時代と後半の弥生時代〜平安時代の２時期に大別している。そして各期の網漁について記述を進め，若干の考察を試みることにする[1〜3]。

1　縄文時代の網漁

（1）　縄文時代の漁網錘

　縄文時代の各遺跡から出土している石錘のなかで，漁網錘であるという説ともじり編みの錘具であるという説のある礫石錘については，一旦棚上げして最後に検討を加えたい。そこでまず，石錘のうちで機能が漁網錘として確実に認められる切目石錘・有溝石錘を取り上げ，つぎに土錘である有溝土錘・土器片錘を取り上げることにする（図１・２）。それぞれの漁網錘ごとに形態分類を行ない，時間的分布を明示し，重さや切り込み幅などの属性を分析するものである。

　切目石錘　楕円礫を素材とし，網糸掛けの切り込みを施した漁網錘である。切り込みの位置により，長軸の両端に切り込みがあるA類，長軸と短軸の両端に切り込みがあるB類，短軸の両端のみに切り込みが施されたC類に分類される。さらにA類は製作技術から，擦り切りによって切り込みを施すa類，両端の切り込みを結ぶ線上の表面を磨くb類，片面に溝を持って他面に切り込みを有するc類，両端を打ち欠きや敲打で調整したあとに擦り切りで切り込みを作り出すd類に細分される。この切目石錘は400点以上出土しており，本地方の漁網錘のなかで最も重要な位置を占めている。そのうち170点が石川県金沢市笠舞遺跡から発掘・表採されており，ついで多いのが金沢市東市瀬遺跡の114点であり，この２遺跡で切目石錘全体の70%前後を占め，高い割合となっている。また類別ではAa類が圧倒的に多いという傾向にある。

　時期的には，切目石錘は中期後葉の笠舞式期・大杉谷式期に出現したものと推測され，かつまたこの時期に盛行している。福井県勝山市鹿谷本郷遺跡や石川県野々市町御経塚遺跡などの例から見て，遺跡数・点数ともに量的には減少しながらも後期後半〜晩期まで連続している。

　重さでは30g台が最も多くて全体の約20%であり，10〜60g台で全体の約75%を占めている。そしてAa類の平均重量は47g前後であり，Ad類は約100gで前者のほぼ２倍となっており，重さに違いが認められる。

　切り込み幅に関しては，礫石錘の機能を論ずる場合に重量とともに糸を掛けたり，巻いたりする部分としての打ち欠き幅が問題となる。それで機能が漁網錘として明確な切目石錘の切り込み幅を調べることによって，礫石錘の比較資料とすることを目的としたものである。その結果は，Aa類では2〜8mm分布して3〜4mmが最も多く，Ad類では5〜12mmに広がっている。

　有溝石錘　楕円礫の長軸を一周する形態のもの

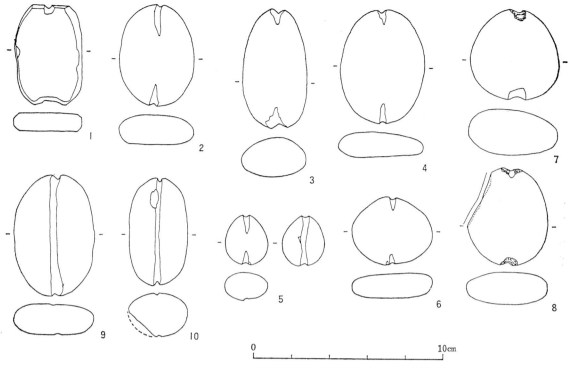

図1 縄文時代の漁網錘（1：土器片錘，2～8：切目石錘，9・10：有溝石錘）

図2 石川県における縄文時代の漁網錘出土遺跡分布図

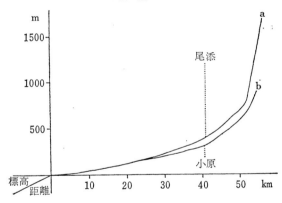

図3 手取川水系河床縦断勾配図
a：手取川・尾添川，b：手取川・大日川

だけであり，形態的には切目石錘A類，とくにAc・Ad類との関連が深い。野々市町御経塚遺跡から3例出土しているに過ぎず，所属時期は後期中葉～晩期であり，細かな時期は不詳である。

有溝土錘 長軸と短軸を各一周する溝を有する形態のものと，溝が長軸と側面をそれぞれ一周する形態のものの2種類が存在し，4遺跡から6点確認されているだけである。詳細な時期は不明で，概ね後期～晩期に属する。石川県押水町上田うまばち遺跡例は，日本海側での西限となってい

る。

　土器片錘　土器片を利用した漁網錘であり，その周囲を打ち欠いたり，磨いたりして整形されている。形態的には，長軸の両端に網糸掛けの切り込みを有するものと短軸の両端にそれを持つものが認められ，後者は石川県穴水町曽福遺跡の1例のみである。量的には切目石錘についで多いものの，割合的には漁網錘全体の数パーセントを占めるに過ぎない。

　金沢市北塚遺跡の昭和47年の調査では土器片錘が約30点出土しており，その重量についてみてみると，20〜50gに集中して平均は約35gである。他の遺跡の資料も，おおよそのところではこの範囲に分布している。

　当地方における土器片錘の出現は，福井県三方町鳥浜貝塚や富山県小杉町南太閤山I遺跡の例より，前期前葉に求められよう。そして中期後葉〜後期前葉にかけて出土遺跡数が増加する傾向が窺われる。

（2）　漁網錘と捕獲対象魚の関係

　漁網錘を出土する遺跡の分布と河川における現生魚種との比較を通し，漁網錘の捕獲対象となった魚種について考察してみることにする。この問題について考察するということは，すなわち河川や潟湖に生息する魚種のうちどういう魚種を捕獲したかということである。そのためには河川・潟湖における客観的な魚類環境を復元することが必要となり，北陸地方の河川や潟湖においても，汽水域・コイ域・オイカワ域・アマゴ域の4区分[4]を用いるのが最も適当であろう。それぞれの水域で優先する魚種としては，汽水域ではボラ・マハゼ，コイ域ではコイ・フナ，オイカワ域ではアユ・オイカワ・ウグイ，アマゴ域ではイワナ・アマゴ・ヤマメなどがあげられる。さらにどの水域にもいるウナギも，重要な捕獲対象魚となったことであろう。

　図2のAとBで結ばれた線は，霊峰白山に源を発する手取川水系のオイカワ域とアマゴ域の境界推定線である。この図から判断して尾口村尾添遺跡・小松市小原遺跡を除いたほとんどすべての遺跡が，汽水域からオイカワ域の範囲に分布しているといえる。ここで問題となるのが尾添・小原の2遺跡である。これらが本当にアマゴ域にふくまれるかどうかを検討するために作製したのが図3で，この図は手取川から尾添川・大日川にかけて

の河床縦断勾配を表わしたものである。勾配の傾斜変換点を境にして上流のアマゴ域と下流のオイカワ域に分けられ，2遺跡とも両河川の傾斜変換点付近に位置している。しかし2遺跡ともオイカワ域とアマゴ域の境界付近に立地していることが理解されるものの，どちらの水域に属するかは明確にしえず，今後に残された検討課題である。

　これらのことから，本地方の各水系における漁網錘の分布と汽水域〜オイカワ域とはほぼ対応関係を示していることが知られる。当時の網漁の対象となった魚としては，ボラ・マハゼ・コイ・フナ・アユ・ウグイ・オイカワ・ウナギなどが考えられよう。

2　弥生時代〜平安時代の網漁

（1）　弥生時代〜平安時代の漁網錘

　これらの時代では管状土錘のみが認められ，縄文時代と同じ順序で記述を進めていく（図4・5）。

　管状土錘　中心に貫通孔があけられた土師質・須恵質の漁網錘である。形態によりI〜IV類に大別され，さらに長さと幅の関係からI・III類ではa〜d類に，II・IV類ではa・b類に細分される。すなわち，管状土錘は12類に分類される。

　管状土錘は70遺跡以上から700点以上出土している。その出土遺跡は窯跡の生産遺跡と集落址の消費遺跡に分けられるが，消費遺跡としたもののなかには自給自足的に管状土錘を製作・生産し，漁網錘として消費した遺跡があったことも十分に推測される。各消費遺跡での漁網錘の出土状態は，いろいろな時代・時期の土器を含む遺物包含層から混在して出土することがほとんどであり，時代決定や時期決定が困難な場合が多い。それで時代・時期が比較的明確な遺跡から出土している資料から，その時代の管状土錘の様相を素描してみることにする。

　弥生時代終末〜古墳時代初頭ではIV類の球状を呈するものが大多数を占め，長さと幅の関係においては両者がほぼ等しいものが多いという傾向にある。さらにいえば，IV類として分類された管状土錘は当該期においてのみ存在するものであるといえよう。重さに関しては，20〜80gの範囲に分布・集中し，平均重量は50g前後である。縄文時代の漁網錘では30g台が最も多く，10〜70g台で全体の8割以上を占め，平均重量は約47gであることを考えあわせると，この時期の漁網錘は

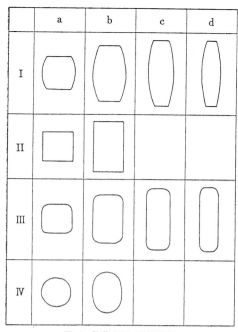

図 4 管状土錘形態分類図

図 5 石川県における弥生時代～平安時代の漁網錘出土遺跡分布図

素材と形態の面で相違点はあるものの，重量的にはきわめて縄文的であるといえよう。

奈良時代から平安時代にかけての管状土錘では側縁部がふくらむ形態のⅠ類がほとんどであり，側縁部が直線的になるⅢ類がわずかにみられるという状況である。長さと幅の関係においては b・c 類がほぼ同じ割合であり，長さが幅の1.3～2.9倍にあるものが多いという傾向にある。

漁網の存在は，浮子・沈子・網などの漁具のうち沈子としての漁網錘の存在から知られ，網自体の検出はほとんど皆無に等しい。このような状況のもとで漁網について知るには，錘具の重さを具体的な数値として表わすことが必要であると考えられる。またそれと同時に，漁網錘の属性のなかで重量はもっとも重要な要素でもある。そこで管状土錘の重量分布を観察してみると，60gを境にして重くなるにつれて数量が少なくなっており，110gを越えるものは極端に少なくなるという傾向が認められる。100gを越える管状土錘が出現するのは，確実なところ平安時代中期以降と推測される。また10g以下の管状土錘の数も多く，全体の約20%を占めている。

管状土錘の孔径は，漁網に装着される際にその太さと密接な関係があると考えられ，その属性のなかでは重量と並んで重要な要素である。孔径について調べたところ，0.2～2.3cmの範囲に分布しているという結果が得られた。そして重量が重くなるにつれて孔径も大きくなるという一般的傾向が認められ，それが漁網の太さや繊維の質と密接にかかわっていたことも推測されよう。

（2）漁網錘と捕獲対象魚の関係

これらの時代においても，漁網錘の対象となった魚種について考察してみよう。その方法は前に述べた縄文時代と同じであり，漁網錘を出土している遺跡の分布と遺跡周辺の河川・潟湖に生息する現生魚種を比較するものであり，ここでも汽水域・コイ域・オイカワ域・アマゴ域の4区分を用いるものである。

本地域について漁網錘がどの水域と対応しているのかについて検討を加えたところ，その分布域と汽水域～コイ域との対応関係が明らかになった。それで当時の網漁の対象となった魚種としては，ボラ・マハゼ・コイ・フナなどが考えられる。

3 北陸地方における網漁の特色と展開

縄文時代では，前期前葉に土器片錘が出現するものの，散見される程度である。中期阿玉台式期

53

に東関東地方を中心に発達した内湾性漁業の影響を受け，本地方では中期後葉の笠舞式期・大杉谷式期に土器片錘や切目石錘を使った網漁が盛行した。金沢市北塚遺跡のように底質が砂泥質の水域を周囲に持つ遺跡では土器片錘が盛行し，笠舞遺跡などのように底質が砂礫質の河川流域の遺跡では切目石錘が盛行している。それぞれの漁場の底質に応じた漁網錘の選択がなされ，漁場の環境に適した網漁形態が採られたのであろう。そして，砂泥質の水域においては，土器片錘はスズキ・クロダイ・ボラ・コイ・フナ・ウナギなどを捕るための地引網・投網・刺網の漁網錘として利用されたものと推測される。切目石錘は，砂礫質の河川流域でコイ・フナ・アユ・ウグイ・オイカワ・ウナギなどを捕獲する瀬網・地引網・投網・刺網などの錘具として使用されたものであろう。

　管状土錘は水稲栽培に随伴して伝播してきたことが知られ[5]，本地方でも同様であると推測される。弥生時代終末〜古墳時代初頭の漁網錘は形態的には長さと幅がほぼ等しく，球状や円柱状を呈するものが多いという傾向にある。これらの漁網錘を用いた網漁は汽水域〜コイ域で行なわれ，コイ・フナ・ボラ・ウナギなどの魚種が地引網や投網などの網漁の対象となったのであろう。この汽水域〜コイ域に広がる平野部は水稲栽培に適した土地であり，網漁は稲作と組み合わさって新しい展開を見せていくという点に特色がある。ただ，本地域のこの時代の漁網錘は重量的には縄文時代のものとほとんど変わりなく，漁網錘自体の発達は遅れている。また，河川や潟湖における網漁ばかりでなく，石毛直道氏が指摘するような水田漁業[6]も盛んに行なわれたことであろう。

　古墳時代は全般的に集落址の調査例は多くなく，遺跡から出土する管状土錘の数量も少ないという状況である。この時代に関しては，資料の増加を待って再考したいと思う。

　奈良時代から平安時代に入ってから，管状土錘が爆発的に出土する遺跡も出始め，重量も100gを越えるものが出現してくる。金沢市金石本町遺跡では四つ手網が出土しており，内水面漁業では地引網・投網・刺網などの網漁のほかに，四つ手網漁が行なわれていたことが窺われる。また，平城宮跡出土木簡のなかに，天平18年（746）「越中國羽咋郡中男作物鯖壹伯隻」と書かれたものがある。このことは奈良時代にサバの釣漁が行なわれ

ていたことを示すとともに，外洋への進出が活発化してきたことを物語るものであろう。そして網漁の飛躍的発展も，この時代になって始まるものと推測される。

4　おわりに

　最後に礫石錘をめぐる問題に触れてみよう。礫石錘は，大きさから2大別される。一つは大型品から中型品で切目石錘などの漁網錘より重量がはるかに重いものである（I類）。もう一つは中型品から小型品で切目石錘などの漁網錘と重量がほぼ同じものである（II類）。遺跡差や地域差があり，一概にはいえないが，前者は海岸部の前期遺跡からの出土が多く，後者は潟湖周辺や河川流域の中期遺跡に多いという傾向が窺われる。

　まず，礫石錘が漁網錘であるという前提に立つならば，I類では小規模な定置網や刺網などが想定されよう。II類は瀬網・刺網・地引網・投網などの錘具として使用され，重さによって使い分けされていた可能性も指摘されよう。

　つぎに，礫石錘が編み物石であるという前提に立つならば，錘具を用いたもじり編みの技術によってウケ・エリ・ヤナなどが製作され，こうした漁法でさまざまな魚類が捕食されたであろう。

　礫石錘が漁網錘であるのか，編み物石であるのか二者択一的に白黒をつけようとするよりも，それぞれの機能の立場から実体を明らかにしようとする方が，実り多い議論となるであろう。

註

1)　山本直人「加賀における縄文時代の網漁について」石川考古学研究会々誌，23，pp. 199〜217，1983
2)　山本直人・湯尻修平ほか『小松市中海遺跡』1986
3)　山本直人「石川県における古代中世の網漁業の展開」石川考古学研究会々誌，29，pp. 107〜126，1986
4)　津田松苗・御勢久右衛門「吉野川の水棲動物の生態学的研究」『奈良県綜合文化財調査報告書』pp. 201〜220，1954
5)　渡辺　誠「漁業の考古学」『塩業・漁業』pp. 159〜195，1985
6)　石毛直道「食卓の風景の変貌」『豊饒の大地』pp. 49〜82，1986

　なお，引用した遺跡の調査報告書などは紙幅の関係上省略している。

瀬戸内のイイダコ壺とマダコ壺

——兵庫県玉津田中遺跡を中心に——

兵庫県教育委員会
■ 中 川　渉
（なかがわ・わたる）

弥生時代以降，現代に至るまで営々と続けられている瀬戸内海
のタコ壺漁は，四季の農耕のサイクルと密接に結びついていた

弥生時代の漁業は，縄文時代以来の伝統的な漁法を受け継いだものに，農耕文化とともにもたらされた新しい要素が融合して成立したと考えられている[1]。弥生時代に新たに取り入れられた漁法のうち，最も特徴的なものとしてタコ壺漁をあげることができる。とくに，大阪湾東南部沿岸と播磨灘沿岸の遺跡からは多数のイイダコ壺が出土しており，弥生時代中期にはこの漁法が開始されていたことがわかっている。

この漁法は営々と受け継がれ，現在でも大阪湾東南部沿岸，播磨灘沿岸，備讃瀬戸沿岸，周防灘沿岸，有明海沿岸，日本海の一部などで行なわれている。中でも播磨灘沿岸のタコ漁は「明石のタコ」としてつとに有名で，寛政11年（1799）発行の『日本山海名産図会』にも「明石章魚」「高砂望潮魚」が紹介されている。とくに播磨灘の北東隅にある「鹿の瀬」と呼ばれる浅瀬は古来よりのタコの好漁場で，今でも毎年，底曳網の中にイイダコ壺が何十個となくかかってくるそうである。

明石は「タコの産地」であるとともに「タコ壺の産地」でもあったが，現在は明石市大久保町江井ヶ島，同中八木所在の2軒でタコ壺作りが行なわれているにすぎない（図 1—11・12）。図 1—10は江井ヶ島港にほど近い赤根川遺跡（古墳時代後期～中世）出土のもの[2]で，これをみると基本的な形態は古墳時代後期以来ほとんど変わっておらず，まさに現代のタコ壺作りのルーツといえよう。

本稿では現代のイイダコ壺漁を参考にしつつ，玉津田中遺跡出土のイイダコ壺・マダコ壺およびその出土状況を紹介し，漁の実体を探る手掛かりとしたい。

1　イイダコ壺漁とは

タコを捕獲する方法として，浅いところにいるものは素捕り・刺突具・鈎引具で，やや深いところにいるものはタコ壺・釣で，さらに深いところにいるものに対しては底曳網などが用いられる。

タコ壺漁は，タコが海底の砂や泥に穴を掘って潜り，外敵から身を隠し，かつ獲物を狙うという習性を利用したもので，タコに対する観察と理解の蓄積があって初めて成り立つ漁法である。

それでは現在行なわれているイイダコ壺漁について説明しよう。現在使われているイイダコ壺は，巻貝（アカニシ・テングニシなど）や二枚貝（ウチムラサキ・サルボウなど）を用いた貝製のものが多く，土製のイイダコ壺はほとんど見られなくなっている。それは貝製のものが土製のものに較べて，丈夫であること，捕ったイイダコを取り出しやすいことなどが影響しているのであろう[3]。

漁の手順としては，まずイイダコ壺に枝縄をくくりつける。次に長さ30〜40尋（1尋は両手を左右に広げた長さ）ほどの幹縄に，1尋間隔でイイダコ壺のついた枝縄を結びつける。この幹縄をさらに10〜20本繋げて1筋の延縄とする。延縄の両端と幹縄1本ごとに沈子を付け，山立法（三方の山・島・建物などの目標物から自分の沈めた延縄の位置を知る方法）を用いて投縄する。2・3日後に錨で引き上げて漁獲する。壺にカキ・フジツボなどが付着するとタコの入りが悪くなるので，その都度掻き落とす。漁撈期間中は続けて投縄する[4]。

ほぼ以上のような要領で，これはマダコ壺漁の場合も基本的には同じである。ただしマダコ壺漁の最盛期が7〜9月なのに対し，イイダコ壺漁の最盛期は2〜6月である。これはそれぞれの産卵期が異なるためで，ことにイイダコの場合は雌の卵巣に入る飯粒状の卵が珍重されるからである。

2　玉津田中遺跡出土のイイダコ壺

（1）　遺跡の位置

玉津田中遺跡は行政区分上，神戸市西区玉津町田中に属するが，一般には「子午線の街」明石の北約 5km に位置するといったほうが通りがいいだろう。遺跡のすぐ西を流れる明石川はその中・下流域においていくつもの狭小な沖積平野を形成

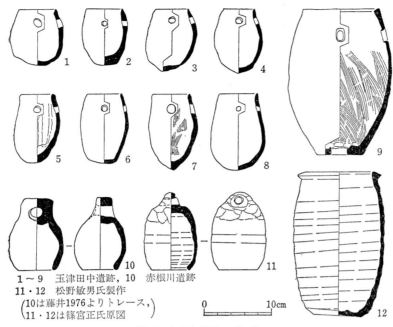

1～9 玉津田中遺跡, 10 赤根川遺跡
11・12 松野敏男氏製作
(10は藤井1976よりトレース,
 11・12は篠宮正氏原図)

図1 イイダコ壺とマダコ壺

している。玉津田中遺跡もそういった沖積平野の一つに立地している。

(2) 調査の概要

住宅・都市整備公団が計画した総面積約31haの土地区画整理事業に先立って行なわれた分布調査により, 玉津田中遺跡は発見された。兵庫県教育委員会は昭和57年度から62年度まで9次にわたる発掘調査を行なってきており, 現在なお調査中である。

これまでの調査で, 弥生時代前期～後期, 古墳時代中期, 平安時代末～鎌倉時代初の各時期の遺構・遺物を検出した。とくに弥生時代中期においては, 集落の中の居住地・水田・墓地を構造的に捉えることができている。また遺物としては, 大量の土器・石器のほか, 旧河道から多種多様な木製品および獣骨・植物遺体といった有機物も豊富に出土しており, 弥生時代のムラが具体的に復原できる資料が蓄積されつつある。

(3) イイダコ壺とその出土状況

さて当遺跡では, 弥生時代中期のイイダコ壺は千点以上が出土しており, その中に非常に特徴的な出土状況を示すものがある。出土状況は次の三つのパターンに分類することができる。

① 遺構からイイダコ壺のみがまとまって出土する。

② 旧河道から他の土器に混じって, まとまっ

た量のイイダコ壺が出土する。

③ 遺構・旧河道・包含層などから, イイダコ壺が単独に, あるいは少量出土する。

①の例としては2基の土壙があり, いずれもほとんどイイダコ壺ばかりが納められていた。この土壙を仮に「タコ壺土壙1・2」と呼ぶことにする。

タコ壺土壙1(図2) 約130cm×85cmの楕円形の土壙から, イイダコ壺ばかり70数個体が出土した。本来は完形品のみが納められていたもので, おそらく漁が終わったあと一括して保管されていたものであろう。

出土したイイダコ壺(図1―1～8)の各部位の計測値(計測不可のものは除く)は, 口径が最大6.2cm, 最小4.6cm, 平均5.4cm, 器高が最大12.2cm, 最小8.3cm, 平均10.0cm, 重量が最大250g, 最小141g, 平均177gを測る。

タコ壺土壙2(図3) 径約70cmの円形の土壙から, イイダコ壺の破片ばかりが出土した。口縁部・胴部・底部などの各部位はまんべんなくそろっているが, いずれも図示できないほどの細片で, 故意に打ち割られた可能性もある。

出土したイイダコ壺の総重量は5,772gで, 少なくとも32～33個体分の破片はある勘定になる。

以上の2例は, イイダコ壺の保管および廃棄の形態を明確に示す稀有な例である。

次に②の例としては, 図4など数例が検出されている。それらに共通することは, 居住地のすぐ

図2 タコ壺土壙1

図 3 タコ壺土壙 2

側を通る旧河道中から見つかっていることで，また旧河道がある程度埋まった段階のものが多い。

図4―1の例では，数十個体のイイダコ壺が他の土器・木器群に混じって出土した。しかし一部に規則的に並んだところがあって，縄に繋がれていた可能性もある。

図4―2の写真では，約20個体のイイダコ壺がみえるが，上部の杭とイイダコ壺の関係に注目したい。これは全く想像の域を出ないのだが，延縄を

図 4 イイダコ壺一括出土状況

杭に引っ掛けておいたということも想定できる。

以上の所見をまとめると，①の場合は明らかに保管および廃棄の状態を示していると判断できる。一方，②の状況も①ほど積極的にではないが，やはり保管あるいは廃棄の状態を示したものがあるとみてよい。

3 イイダコ壺出土の単位

それではここで，他の遺跡ではどのような単位で出土しているかをみてみよう。

表1では住居跡・土壙・旧河道などから，イイダコ壺がまとまって出土した遺跡を挙げた。まだ脱落はあると思うが，一応西は博多湾から，東は大阪湾東南部までの遺跡に類例が求められた。

中でも最古で最大の出土量を誇る大阪府池上遺跡では，弥生時代中期初頭～後期のイイダコ壺数千点が出土しているが，一括の出土は弥生時代中期中葉以降に多いようである[5]。

また香川県下川津遺跡では表で示した例のほかに，タコ壺焼成土壙が2基検出されている。その規模から考えると，一度に焼成できる数量は100個体を越えないとされている[6]。

表の中の大阪府脇浜遺跡・同湊遺跡の例は一括性が薄いのでここでは省くとすると，イイダコ壺出土の単位はどうやら70～100個程度が一つの目安となるようである。

仮に玉津田中遺跡のタコ壺土壙1の70数個体が延縄の1単位であったとすると，イイダコ壺だけの重量はせいぜい 12～14 kg，これに縄がついたり，水を含んで重くなったとしても，1～2人での操業は充分可能であったのではないだろうか。

ここに使用の痕跡を示すイイダコ壺が2例ある。図5―1は土器が何らかの理由で変色した際に，紐孔にかかっていた縄の部分だけ変色せずに残ったものである。紐孔の部分にヒモズレが観察されることはよくあるが，この例ではイイダコ壺に縄がかけられたまま保管されていたことが窺える。

図5―2は壺の内側の内面に，コケムシ（海生の触手動物の一種）が付着した痕跡が認められる。これは一旦海底に沈めたものを引き揚げ，さらに集落へ持ち帰っていることを如実に物語っている。

漁期が終わると，漁場から集落までイイダコ壺を持ち帰り，破損したものは廃棄し，使えるものは来季に備えて大事に保管したのであろう。

57

表1 イイダコ壺一括出土遺跡一覧表

No.	遺跡名	所在地	遺構	時期	個数（コ）	型式	備考
1	西新町遺跡	福岡県福岡市	住居跡	古墳時代前期初頭	2～6	I	
2	下川津遺跡	香川県坂出市	土壙・溝	奈良時代	28・14	III	マダコ壺有
3	溝ノ口遺跡	兵庫県加古川市	住居跡内ピット中	弥生時代中期	9	I	
4	大中遺跡	兵庫県加古郡播磨町	住居跡・土器群	弥生時代後期	10数～70数	I	
5	玉津田中遺跡	兵庫県神戸市西区	土壙・旧河道	弥生時代中期	10数～70数	I	マダコ壺有
6	池上ロノ池遺跡	兵庫県神戸市西区	住居跡内ピット中	弥生時代後期末	24	I	
7	桜ヶ丘B地点遺跡	兵庫県神戸市東灘区	住居跡内ピット中	弥生時代中期	4	I	
8	四ツ池遺跡	大阪府堺市	壺の中より	弥生時代	10数～20	I ？	
9	池上遺跡	大阪府和泉市	溝・土器堆積	弥生時代中・後期	9～100	I II III	マダコ壺有
10	脇浜遺跡	大阪府貝塚市	旧河道・土器溜り	古墳時代前期	55～約200	I II	マダコ壺有
11	湊遺跡	大阪府泉佐野市	谷状落ち込み	古墳時代後期以降	58	III	須恵質・マダコ壺有

型式分類　I：コップ形のもの　　II：コップ形で底部に穿孔のあるもの　　III：釣鐘形のもの

図5　イイダコ壺の使用痕

4　マダコ壺

玉津田中遺跡ではイイダコ壺に比べると数％の出土量に過ぎないが、マダコ壺も出土している（図1—9）。形態は基本的にイイダコ壺と変わらないが、しっかりした平底と底部に穿孔をもつ点が異なっている。

弥生時代中期のマダコ壺はこれまで大阪府池上遺跡などで出土していたが、縄を結ぶための孔がなくマダコ壺かどうか疑問視する向きもあった。しかし当遺跡の例により、池上例もマダコ壺である可能性が強くなった。

5　おわりに

玉津田中遺跡は農耕を生産の基盤としたムラである。しかし発掘調査ではタコ壺のほか、シカ・イノシシなどの獣骨、魚骨、ドングリ類などが出土しており、生産の様相は単一ではなかったことがわかっている。ただし漁網錘などはほとんど出土しておらず、漁村的な色彩は極めて薄いといえる。その中でとくにイイダコのみが盛んに漁獲されたことは、漁期がちょうど農閑期にあたることと無関係でなく、収穫物の少ない春先においてはイイダコが貴重な蛋白源であったことは間違いなかろう。そしてそれ以上に雌の卵巣に詰まった飯粒状の卵は、「海で採れる米の飯」として大いに珍重され、かつ食されたことだろう。

以上、瀬戸内海の特徴的な漁法であるイイダコ壺漁について、新しい発掘成果を交じえながら述べてきた。イイダコ壺漁に限らず弥生時代における漁業は農耕と密接に結びついており、単独で捉えきることはできない。四季の農耕のサイクルの中で相関的に考えてゆくのが有効であろう。

最後になったが、松野敏男氏には度々の取材や写真撮影を快く承諾して頂いた。また本稿を書くにあたっては、大西昌一、真野修、和田晴吾、浦上雅史、岡崎正雄、大平茂、岡田章一、深井明比古、篠宮正の各氏に指導・助言を頂いた。記して、謝辞としたい。

註
1) 和田晴吾「漁撈」弥生文化の研究、2—生業、1988
2) 藤井祐介・高島信之「明石市赤根川遺跡の調査」『兵庫県埋蔵文化財調査集報』第3集、1976
3) 弥生時代の貝製イイダコ壺は、佐賀県詫田西分貝塚などでみつかっている。
　　平川敬治「有明海における貝製飯蛸壺延縄漁」えとのす、27、1985
4) 井上喜平治『蛸の国』神戸新聞社、1965
　　真野　修「飯蛸壺の復原」『海の生産用具』埋蔵文化財研究会第19回研究集会発表要旨資料集 1、1986
5) 井藤暁子ほか『池上遺跡』第2分冊土器編、大阪文化財センター、1980
6) 大山真充・西村尋文ほか『下川津遺跡II』香川県教育委員会、1987

西北九州漁撈文化の特性
―― 石製銛頭(石銛)を中心に ――

福岡市教育委員会
山崎純男
(やまさき・すみお)

石銛・組み合せ銛は刺突漁法が西北九州に広く展開していたことを示すものであり，弥生文化の開始や伝播に大きな役割を果していた

　九州地方は縄文時代前期に地域性が顕著にあらわれてくる。轟B式土器でその萌芽をみ，曽畑式土器でより明確になる。轟B式土器，曽畑式土器は共に砲弾形の深鉢で，底部は丸底である。文様は轟B式土器がミミズばれ状の隆起線，刺突文を横・縦位に組み合わせたもので，曽畑式土器は沈線による幾何学文様を全面に配している。また，曽畑式土器の胎土に滑石を混入したものが多くみられ特徴的であり，これは中期阿高式土器にも継承されている。これらの土器群は縄文を主文様とする東日本的土器群とは異なり，むしろ朝鮮半島の隆起線文土器や櫛目文土器との近縁性が指摘できる。分布は北・中部九州を中心に九州全域に広がっている。中・後期には東日本的文化複合の西漸に伴い分布は西北九州，すなわち長崎県，佐賀県，福岡県西北部，熊本県西部にせばまり，後期中葉には一時的に磨消縄文が展開するが，地域伝統は根強く継承されている。

　本稿でのべる漁撈文化もその一つの要素である。それは石銛と石鋸，鋸歯尖頭器，剝片鋸歯鏃と称される石製銛頭および組み合せ銛頭をはじめとして，西北九州型釣針とよばれる大型の結合釣針，尖頭状・双角状の礫石器などの漁撈具で代表される。東日本的文化の影響によって出現する小型単式釣針，切目石錘，土器片錘などに代表される内湾性漁撈文化とは一線を画している。最近の調査・研究によれば，西北九州における漁撈文化は外海性が強く，時期的には弥生時代まで継承されていることが判明している。これらの始源・系譜については海峡をへだてた朝鮮半島南部から東海岸にかけて石鋸，結合釣針の類例が増加しつつあり，今後さらに検討する必要があろう。

1 研究略史

　西北九州に分布する石製銛頭は先に挙げた石銛，石鋸，鋸歯尖頭器，剝片鋸歯鏃がある。石鋸はその形が特異なこともあり，古くから注目されていたが，他の石製銛頭が注目されはじめたのは最近のことである。

　1931年杉山寿栄男氏は石鋸を図1に示すように8形態に分類している[1]。その後，長崎県五島列島を中心に石鋸を集成した桑山龍進氏は次の7形態の再分類を試み，「一　半月形ないし弧状のもの，二　細長い矩形のもの，三　角丸の矩形に近いもの，四　梯形のもの，五　扁桃形のもの，六　低平二等辺三角形のもの，七　不等辺鈍角三角形のもの」とした。そして，その着装と機能について，「一種の鋸様のものとして物をヒキ割る時に用いたものと考えられるが，小形のものは恐らく数個接続し，嵌入或は挿入して用い，又大形のものは握ってそのまま使用したと想われる。」と注目すべき見解を示した[2]。また，所属時期については九州縄文時代中期末であろうとしている。その後，しばらくは新資料の増加もなく，石鋸についての論考はない。

　1965年，芹沢長介氏はこれまでの業績によりつつ，「最近になって諸種の資料をよく検討してみると，一側辺に歯列をもたないものもかなり多く出土していることがわかった。やはり，半月形，長方形，扁桃形などの薄身の小型品であって，うっかりすると石鏃の折れや未成品と混同されやすいものである。」[3]として，石鋸をサイドブレイド

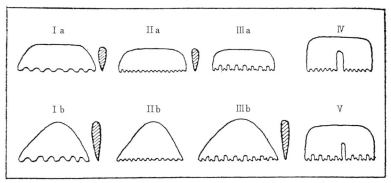

図1　杉山寿栄男氏による石鋸の分類（註3文献より）

の一種とみて，用途については農耕用の鎌と考えた。また，地名表を作成し20遺跡をあげている。これに対して，賀川光夫，橘昌信氏は長崎県深堀遺跡出土の石鋸および石鋸を組み合せた形状の尖頭器の存在，また石鋸が海岸沿いの遺跡に集中して分布することから鋸先としての機能を考えた[4]。佐原眞氏も同様の見解を示している[5]。

その後，各地から石鋸の新例が報告され，分布が西北九州，とくに島嶼部に集中することが判明してきた。このような状況下で萩原博文，久原巻二氏は石鋸およびそれに伴うサイドブレイドを集成し，主に製作上の問題について言及し，石鋸，サイドブレイド間に製作上の差はなく，用途においても区別されるべきでないと指摘し，機能については石鋸とした[6]。筆者も熊本県本渡市大矢遺跡の石鋸の新資料を紹介する中で石鋸の機能について検討を加え，石鋸説を支持した[7]。渡辺誠氏は石鋸が西北九州縄文文化を特徴づける石器の一つとして位置づけ，西北九州型釣針とともに検討を加え，「韓国南部と西北九州との多島海地域という類似した環境に展開した外洋性漁業は，必然的に両地域漁民の海上での交流をもたらし，この交流にのってわが国へ多くの文化がもたらされることになったのである。」[8]と示唆に富んだ見解をのべている。なお，石鋸が組み合せ石器として使用されたとする考えは，桑山氏以来，諸氏の一致するところであり，植刃に必要不可欠な彫器などの工具類も石鋸とともに出土していることからも支持される。

以上から，石鋸についてまとめると，その機能について，原始農耕の収穫具とする考えと石鋸とする考えの二者がある。前者は石鋸を汎アジア的な視点でとらえ魅力的であるが，出土遺跡が海岸部に集中し，分布も西北九州に限られ，原始農耕がおこなわれた可能性が低いこと，石鋸に禾本科植物の珪酸による特有の磨耗がみられないことなど，その可能性は低い。これに対して後者は出土遺跡が海岸部，とくに砂丘部や貝塚を形成する遺跡に集中すること。鋸歯尖頭器の存在，とくに長崎県深堀遺跡出土例は，先端部が鋸歯鏃，下半部が石鋸と背中合せに組み合せた形状を呈している。鋸歯尖頭器は深堀遺跡例のほか，福岡県天神山貝塚，佐賀県赤松海岸遺跡，長崎県里田原遺跡，女亀遺跡，熊本県沖ノ原貝塚，椎ノ木崎遺跡で出土し，石鋸と共伴する遺跡例が増加しつつあ

ること。北海道，東北地方における石鏃を装着した廻転式離頭銛頭が存在することなどの状況証拠や傍証から，石鋸を石銛とする説はほぼ定説化している。

石銛は長崎県北松浦郡田平町つぐめのはな遺跡で注意された。つぐめのはな遺跡からは発掘によって81点，表面採集によって150点以上，計231点以上の石銛が出土している。橘昌信氏は九州における石銛を集成し，検討を加えている[9]。分布はほぼ石鋸の分布に重なるが，一部南九州にも類例が存在する。石銛とする理由については，上記石鋸の証拠に加え，後世の例で形態的に極めて類似した石器が石銛として使用されている具体的な資料が知られていること。九州の縄文時代にあっては槍先形石器が狩猟における主体的道具と考えられないこと。自然遺物に大型魚類や海棲哺乳類が遺存しているにもかかわらず，それらを捕獲する道具類が皆無に近い状況であることなどをあげている。また，田中良之氏は石銛の新資料を紹介する中で，石銛，石鋸について検討を加えている[10]。

剥片鋸歯鏃は剥片鏃の一側辺に加工を施し鋸歯列をつくり出した石器で，最近各地の遺跡から出土しつつある。使用法は石鋸と同様と考えられる。石鋸と共伴する遺跡，剥片鋸歯鏃のみが出土する遺跡があり，分布は石鋸と重なるものと考えられる。

2　石鋸の分布と分類

石鋸出土遺跡地名表は芹沢長介氏が作成され，以後，渡辺，山崎，萩原，久原氏が補訂されている。芹沢氏作成の地名表は20遺跡をあげているが，前述したようにサイドブレイドのみの出土遺跡も含まれている。このようなサイドブレイドは縄文時代の各時期，各地に散見することができ，石鋸と同一視することはできない。よって本稿においては明確に鋸歯列をもつ石鋸に限定して出土遺跡をみていくことにする。また，鋸歯尖頭器については鋸歯列を作り出していること，使用に際して石鋸のヘッドとして使用された可能性が高いことから石鋸の一形態として取り扱った。また剥片鋸歯鏃については使用が同じことから石鋸と一緒に取り扱った。なお，石鋸と共伴するサイドブレイドについては，萩原，久原氏が製作・使用方法について差がないことを指摘されているが，今

回は充分検討することができなかったので，次回を期したい。

　現在，石鋸出土遺跡には次の遺跡がある（遺跡名，所在地，立地，遺物の種類，時期の順に記す）。

1）　山鹿貝塚（福岡県遠賀郡芦屋町山鹿）砂丘，石鋸，後期

2）　榎坂貝塚（福岡県遠賀郡岡垣町榎坂）砂丘，石鋸，後期

3）　有田高畠遺跡（福岡市早良区有田高畠）中位段丘，剝片鋸歯鏃，中～後期

4）　天神山貝塚（福岡県糸島郡志摩町天神山）砂丘，石鋸・鋸歯尖頭器，後期

5）　西唐津海底遺跡（佐賀県唐津市西唐津海底）海底，石鋸

6）　赤松海岸遺跡（佐賀県東松浦郡鎮西町赤松海岸）海岸，鋸歯尖頭器，後期（？）

7）　尾田貝塚（熊本県玉名市尾田）丘陵，石鋸，中～後期

8）　沖ノ原貝塚（熊本県天草郡五和町二江沖ノ原）砂丘，石鋸・鋸歯尖頭器，後期

9）　大矢遺跡（熊本県本渡市大矢）砂丘，石鋸，中期

10）　椎ノ木崎遺跡（熊本県牛深市椎ノ木崎）山麓～海岸，石鋸・鋸歯尖頭器，中～後期

11）　集田海岸遺跡（熊本県天草郡河浦町集田）海岸，石鋸，後期（？）

12）　小浜町遺跡（長崎県南高木郡小浜町）丘陵，石鋸，晩期

13）　脇岬貝塚（長崎県西彼杵郡野母崎町脇岬）砂丘，石鋸，中～後期

14）　有喜貝塚（長崎県諫早市有喜）丘陵，鋸歯尖頭器，後期

15）　古田遺跡（長崎県西彼杵郡大瀬戸町雪ノ浦）丘陵，石鋸

16）　深堀遺跡（長崎県長崎市深堀町）砂丘，石鋸・鋸歯尖頭器，後期（西平式）

17）　出津貝塚（長崎県西彼杵郡外海町出津）砂丘，石鋸，後期

18）　中岳遺跡（長崎県東彼杵郡東彼杵町）丘陵，石鋸，後期

19）　天神洞穴遺跡（長崎県佐世保市天神町）山腹，石鋸，後期

20）　岩下洞穴遺跡（長崎県佐世保市岩下）山腹，石鋸，後期

21）　宮の本遺跡（長崎県佐世保市高島町）砂丘，石鋸

22）　町下歌が浦遺跡（長崎県北松浦郡鹿町）砂丘，石鋸

23）　里田原遺跡（長崎県北松浦郡田平町里田原）沖積低地，鋸歯尖頭器，弥生（？）

24）　野田遺跡（長崎県北松浦郡田平町野田）丘陵，石鋸

25）　つぐめのはな遺跡（長崎県北松浦郡田平町つぐめのはな）山麓～砂丘，石鋸・鋸歯尖頭器，中期（阿高式）

26）　池田下遺跡（長崎県松浦市御厨町池田免田崎）丘陵，石鋸

27）　姫神社貝塚（長崎県松浦市星鹿町北久保免宮崎）海岸低地，石鋸，後期

28）　牟田遺跡（長崎県松浦市星鹿町牟田免）丘陵，石鋸

29）　長崎鼻遺跡（長崎県北松浦郡宇久町長崎鼻）砂丘，石鋸，中期（阿高式）

30）　宮の道貝塚（長崎県北松浦郡宇久町本飯良郷）丘陵，石鋸，後期

31）　殿崎遺跡（長崎県北松浦郡小値賀町殿崎）海岸低地，石鋸・鋸歯尖頭器，後期

32）　矢櫃遺跡（長崎県北松浦郡小値賀町矢櫃）丘陵，石鋸

33）　宮ノ下遺跡（長崎県北松浦郡小値賀町宮ノ下）丘陵，石鋸，後期

34）　白浜遺跡（長崎県南松浦郡有川町頭ヶ島）砂丘，石鋸，後期

35）　浜泊遺跡（長崎県南松浦郡有川町頭ヶ島）砂丘，石鋸，後期

36）　上原台地遺跡（長崎県南松浦郡有川町）台地，石鋸

37）　西の股遺跡（長崎県南松浦郡新魚目町）砂丘，石鋸

38）　丸尾遺跡（長崎県南松浦郡新魚目町）丘陵，石鋸

39）　青方遺跡（長崎県南松浦郡上五島町）砂丘，石鋸

40）　白浜貝塚（長崎県福江市白浜）砂丘，石鋸・鋸歯尖頭器・剝片鋸歯鏃，中・後期

41）　与吉ノ山遺跡（長崎県南松浦郡富江町）丘陵，石鋸

42）　宮下貝塚（長崎県南松浦郡富江町宮下）砂丘，石鋸，後期

43）　女亀遺跡（長崎県南松浦郡富江町女亀）砂丘，石鋸・鋸歯尖頭器，後期

44）　百軒竈遺跡（長崎県南松浦郡三井楽町波砂間郷）砂丘，石鋸

45）　名切遺跡（長崎県壱岐郡郷ノ浦町名切）海岸，石鋸・鋸歯尖頭器，後期

46）　佐賀貝塚（長崎県上県郡峰町佐賀）山麓～海岸，

石鋸・鋸歯尖頭器・剥片鋸歯鏃，後期
47）高松ノ壇遺跡（長崎県上県郡峰町高松ノ壇）丘陵，石鋸
48）皇后崎遺跡（長崎県上県郡峰町皇后崎）海岸，石鋸
49）志多留貝塚（長崎県上県郡上県町志多留茂）丘陵，石鋸，後期
50）越高遺跡（長崎県上県郡上県町越高）山麓〜海岸，鋸歯尖頭器，早期末〜前期
51）東三洞貝塚（韓国釜山市影島区東三洞）丘陵斜面，石鋸・櫛目文土器
52）山老大島貝塚（韓国慶尚南道統営郡山老大島）石鋸・鋸歯尖頭器・櫛目文土器

このほか，朝鮮半島東海岸基部の茂山遺跡，雄基貝塚，油阪貝塚やシベリアのシルカ洞穴に出土している。しかし，これらの遺跡は，西北九州とは地理的に遠く離れていることやシルカ洞穴，茂山遺跡のように内陸部深く遺跡が存在すること。また，これらの遺跡の石鋸には大型品が多く，形態的にも西北九州の石鋸とは若干の違いがあり，使用目的・機能が異なっていたと推測できる。今後，充分な検討が必要であろう。

図2は先にあげた石鋸・鋸歯尖頭器・剥片鋸歯鏃の出土遺跡分布図である。出土遺跡は福岡，佐賀，長崎，熊本の4県と朝鮮半島南部の海岸部に集中し，地域的にまとまりのある分布を示している。出土遺跡の立地は，石鋸出土遺跡52ヵ所中の50ヵ所（96.2%）が海に強い関連性をもつ（砂丘20遺跡＜38.5%＞，海岸〜海底10遺跡＜19.2%＞，海に面した沖積地および丘陵20遺跡＜38.5%＞）。さらにこの中で，貝塚を形成している遺跡が20ヵ所（38.5%）におよんでいる。先学も指摘されている如く石鋸出土遺跡，すなわち石鋸が海と強い関連性をもっていたことは一目瞭然である。石鋸と一連の石器である鋸歯尖頭器の形態なども加味し一種の刺突具であることは疑いなく，現時点では組み合せ銛頭とする説がほぼ定説化している。ただし，組み合せ銛頭としての一致はみるものの，銛頭の大きさ，形態，対象物については種々の見解がある。

例えば銛頭の大きさについては，長崎県深堀遺跡の鋸歯尖頭器を完成した姿とみて長さ6cm前後の銛頭を想定する説と，さらにその下方に石鋸を組み合せ長大な銛頭を考える説とがある。田中氏は両者の説を検討し，「早期末以降存在した鋸歯銛先・有茎石銛の伝統をうけて，それらではなしえなかった長大な銛先を現出させる技術革新として石鋸が出現したものとして理解しておきたい。」[11]と，石鋸の出現について興味ある見解を提示している。しかし，石鋸に先行して存在する石銛についてはその出現期から長大なものと小型のものの区別があり，必ずしも石鋸の出現によって長大な石銛が創出されたものではない。また，石鋸の所属時期は現在のところ中期以降に限られているが，長崎県越高遺跡では鋸歯尖頭器が早期末にみられることや，石鋸に伴出例の多い西北九州型釣針が佐賀県菜畑遺跡で前期まで遡ることが確認されたことを考慮すれば，石鋸もまた前期〜早期末まで遡る可能性が強いと考えることができる。石鋸の発生（地）の起因，伝播の状況を含めて今後さらに検討すべきであろう。現時点では石鋸の展開は，石鋸が石銛の長大化を促すという田中氏の指摘も含めて，その組み合せによっては多種多様の銛頭を作出することが可能であることを指摘しておきたい。また，この利点が対象物に対して限定するものでなく広く応用できたことが推測できるのである。後章において若干の考察を加えてみたい。

次に組み合せ銛頭を構成する石器について整理しておきたい。図3に示したのがそれらの石器で

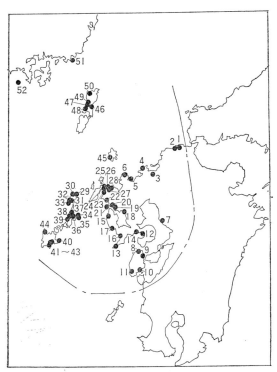

図2　石鋸（組み合せ銛）分布図

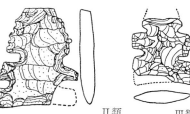
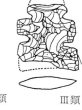
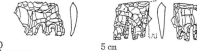

図 3 石鋸（組み合せ鋸）の分類

3 石銛の分布と分類

　石銛は長崎県つぐめのはな遺跡で多量に出土し，注目を集めた石器である。地名表が橘昌信氏によって作成されている。先の鋸歯尖頭器を除いて最近の発見例を加えたのが，以下の地名表である（記載順は石鋸と同様である）。

1) 山鹿貝塚（福岡県遠賀郡芦屋町山鹿）砂丘，後期
2) 榎坂貝塚（福岡県遠賀郡岡垣町榎坂）砂丘，後期
3) 鐘ヶ崎貝塚（福岡県宗像郡玄海町鐘崎）砂丘，後期
4) 沖ノ島社務所前遺跡（福岡県宗像郡大島村沖ノ島）山麓，後期
5) 菜畑遺跡（佐賀県唐津市菜畑）丘陵麓，前期
6) つぐめのはな遺跡（長崎県北松浦郡田平町つぐめのはな）山麓～砂丘，前・中期
7) 鴫山池遺跡（長崎県北松浦郡田平町鴫山池）丘陵
8) 崎瀬遺跡（長崎県平戸市慶島）丘陵
9) 船瀬遺跡（長崎県北松浦郡小値賀町）海岸
10) 殿崎遺跡（長崎県北松浦郡小値賀町殿崎）海岸

　ある。先端部に着装される尖頭器状の石器は，本稿では鋸歯尖頭器として総称した。その下位に着装する石器として石鋸・剝片鋸歯鏃などがある。それぞれは形態的差異により分類可能である。まず鋸歯尖頭器については，I類～IV類に分類可能で，いずれも鏃形をした大型品である。

　I類　側辺に鋸歯（複合鋸歯）をもつ。基部は直線状をなす。天神山貝塚，里田原，越高遺跡などに類例がある。

　II類　I類の側辺に抉りを1～2カ所入れた形状を示し，尖頭器・石鋸を組み合せたもので深堀貝塚に好例がある。

　III類　II類と同様の形状を示すが，側辺に鋸歯列をもたないもの。赤松海岸，沖ノ原，有喜貝塚に例がある。

　IV類　大型の石鏃で抉りは深い。剝片鏃に近いものと細部加工を施したものがある。佐賀貝塚，つぐめのはな遺跡に好例がある。

　I～IV類とも単独でも銛頭として使用可能である。石鋸は杉山，桑山氏の分類でも明らかなように多くの形状のものがある。組み合せ銛頭として必要な部分は側辺の鋸歯列であり，基本的には単式・複式鋸歯列の2形態に分類できる。ただし，平面形を無視するものではなく，石鋸の幾何学的な形状とシャフトへのうめ込み方によっては多様な逆刺が形成されることに注意しておきたい。剝片鋸歯鏃は一側辺が剝離された状態で，他の一側辺に鋸歯列をつくり出し，基部には深い抉りを入れ，脚端部は尖っている。シャフトへの埋め込みを容易にするためとともに鋭い逆刺をつくり出すための石器と考えられる。

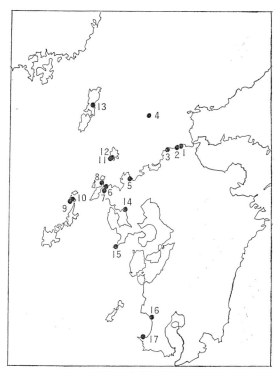

図 4　石銛分布図

低地, 後期
11) 弁天崎遺跡（長崎県壱岐郡郷ノ浦町弁天崎）海岸, 後期
12) 名切遺跡（長崎県壱岐郡郷ノ浦町名切）海岸低地, 後期
13) 佐賀貝塚（長崎県上県郡峰町佐賀）山麓～海岸, 後期
14) 下本山岩陰遺跡（長崎県佐世保市下本山町）岩陰, 後期
15) 脇岬遺跡（長崎県西彼杵郡野母崎町脇岬）砂丘, 後期
16) 西市来貝塚（鹿児島県日置郡市来町川上）丘陵, 後期
17) 西之薗遺跡（鹿児島県川辺郡笠沙町）丘陵

図4は石銛出土遺跡の分布図である。福岡, 佐賀, 長崎, 鹿児島の4県の海岸部遺跡に集中し, 石鋸の分布と類似しているが, 一部は南にのびていて若干の違いをみせている。1遺跡からの出土数は少なく10点を越えるものでないが, 長崎県つぐめのはな遺跡では231点以上の石銛が出土し質・量ともに他の遺跡を圧倒している。つぐめのはな遺跡出土の石銛は大きさ・形態が多様で, 報告書や橘氏による分類がある。ここでは橘氏の分類を提示しておく（図5）[12]。橘氏は次の8形態に分類している。

a_1類　つぐめのはな遺跡の典型的な石銛で量的に多い。鋭い三角形をした先端部とそれに続く両側辺の基部よりに肩を有し, さらに舌状の基部を有する。長さ5～9cmに集中し, 重さは12～30g。サヌカイトを素材とする。

a_2類　基本的形態は1類と共通するが全体に小型である。長さ3～5.5cm, 重さ2.4～10.5g。黒曜石製が圧倒的に多い。

b類　大型で最大幅が中央ないし先端部よりに位置し, 一側辺あるいは両側辺に肩を形成し, あまり明瞭でない大きな舌状の基部を有する。長さ9.1cm以上, 重さ40g以上で, サヌカイトを素材とする。

c類　柳葉形を基本形とするが, あまり顕著でない肩を有するものや舌状の基部を形成するものなど多種多様で大きさ・重量に幅がある。

d_1類　二等辺三角形で基部が直線をなす。大きさに対して扁平である。

d_2類　三角形をした尖頭部から側辺は大きく彎曲し, 基部は両側に向かって開く。

d_3類　形態はd_2類と同様であるが, きわめて小型である。

e類　基部に抉りのある石鏃の大型品で, 長さ・重量に石鏃との大きな差異がみられる。

この分類中, e類は先に指摘したように組み合せ銛のヘッドとして使用された可能性が強い。またd_3類について橘氏は同様の見解を示している。

石銛は時期的に前～後期にみられ, 石鋸よりやや先行して盛期がある。1遺跡からの出土数は少なく10本を越えるものでないが, つぐめのはな遺跡のように1遺跡に集中する例があり注目される。

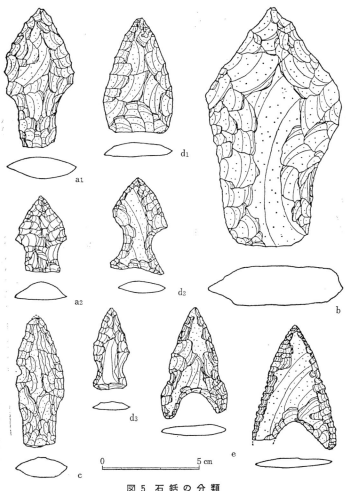

図5　石銛の分類

4 おわりに

石鋸に代表される組み合せ銛と石銛について出土遺跡・分類からみてきたが，ここで若干の検討を加え，西北九州漁撈文化の特性をみていきたい。

組み合せ銛・石銛の対象は自然遺物や土器底部の圧痕（クジラなどの椎骨）の検討から，クジラ類をはじめとする海獣・大型魚類とされてきた。しかし，石鋸に代表される組み合せ銛と石銛の間には先に指摘した時間の先後関係や形態差ばかりでなく，多くの相違点が存在する。石器素材として組み合せ銛では主に黒曜石が利用され，一部サヌカイトが使用されているのに対し，石銛では小型品の一部に黒曜石が使用される以外はすべてがサヌカイトを利用していて，素材選定の段階から区別されている。これは単に素材のみの違いではなく，製品の大きさ・重量によるものと考えられ，両者の対象物の違いを推測することができる。このことは両者の分布においても感知することができる。組み合せ銛の分布は西北九州全域に広がるものの，集中するのは五島列島をはじめとする島嶼部である。

これに対して石銛はその主体が九州本土の沿岸部，とくに遺跡前面が瀬戸になった部分に多く，一部は南九州まで延びていてその違いを指摘できる。これに当該遺跡より出土している自然遺物を加えて検討すると，組み合せ銛の分布地域ではサメ類・サメ歯の製品が多く出土する傾向にあり，石銛の分布地域ではイルカ・アシカなどの海獣が目立つ。自然遺物については今後充分な検討が必要であるが，銛と対象物の関係についてはある程度の推測が可能である。現時点では石銛がイルカ・クジラ・アシカなどの海獣を対象とし，石鋸に代表される組み合せ銛がサメ類・大型魚類を対象としたものと理解しておきたい。

石銛・組み合せ銛の存在は，詳細な点については今後の新資料の増加と検討が必要であるが，刺突漁法が西北九州に広く展開していたことを示すものであり，それが西北九州漁撈文化の特性を作り出している大きな要素の一つであることはいうまでもない。これら石製石銛に伴う漁具として西北九州型釣針・礫石器・骨製離頭銛があり，これらを一体として外洋的性格の強い漁撈文化を形成している。この漁撈文化は西北九州以外に展開

する単式釣針や切目石錘に代表される内湾性漁撈文化とは大きな差があり，一線を画していたことは前述したとおりである。また，西北九州の漁撈文化は形成後は一貫して継承され，その活動範囲が朝鮮半島南部も含めた玄界灘であったこともあり，弥生文化の開始や伝播には重要な役割を果していることが推測できるのである。

註
1) 杉山寿栄男『日本原始工芸概説』1931
2) 桑山龍進「五島の石鋸について」日本考古学協会第8回総会研究発表要旨，1951
3) 芹沢長介「周辺文化との関連―石鋸―」『日本の考古学』Ⅱ，1965
4) 賀川光夫ほか『深堀遺跡』人類学考古学研究報告，1，1967
5) 佐原 眞「日本農耕起源論批判―『日本農耕文化の起源』をめぐって―」考古学ジャーナル，23，1968
6) 萩原博文・久原巻二「九州西北部の石鋸，サイド・ブレイドについて」古代文化，27―4，1975
7) 山崎純男「天草地方始原文化の一側面―本渡市大矢遺跡出土の石器類を中心に―」熊本史学，40，1972
8) 渡辺 誠「西北九州の縄文時代漁撈文化」列島の文化史，2，1985
9) 橘 昌信「石銛―西北九州における縄文時代の石器研究(二)―」史学論叢，10，1979
10) 横山 順・田中良之「壱岐・鐘崎海岸遺跡について」九州考古学，54，1979
11) 註10)に同じ
12) 註9)に同じ

南九州の縄文釣針

筑波大学大学院
■ 雨宮瑞生
（あめみや・みずお）

南九州のみならず西日本に広く分布する単式釣針は，東日本か
らの文化的影響をうけつつ，地域性をもった展開が予想される

1 草野貝塚の単式釣針

鹿児島市の草野貝塚（縄文後期）からは多くの単式釣針が出土している[1]（カラー口絵参照）。その総数は28点（完形品7点）となり，一遺跡としては，まとまった数の出土といえよう。以下，その状況について検討する。

素材は，猪牙または獣骨が用いられており，鹿角を用いたものは1点もない。ただし，本遺跡では，加工の進んだ鹿角製装飾品が存在しており，鹿角加工技術の存在は認め得る。釣針製作のために面取りできる広さに着目した場合，鹿角のそれは，猪牙や獣骨のそれを上回る。つまり，草野貝塚で求められていた釣針のサイズは，猪牙や獣骨でまかなわれる程度の大きさであり，かつ加工の楽な猪牙や獣骨を選択したということである。そして，釣りの対象に対して，鹿角ほどの強度は必要としていなかったのであろう。

製作については，釣針形の作り出しが見られる板状未製品の存在から，板状製品の作出→大まかな釣針形の作出→釣針形の完成という本遺跡釣針製作の一つのあり方がうかがえる。また，完成品の全形は，一般に大まかな平坦面からなり，断面も角ばる傾向がある。ただし，尖った針先に向けて鋭利にすぼまるように整形が加わり，その部分では断面も丸みをもつ傾向にある。このように，加工は釣針としての機能を果たすために必要十分な形態の作出のみに限られ，必要以上の入念な加工は省略され，非常に簡潔な作りとなっている。

糸かけ部分は，一つのえぐりまたは頂部が外側に張り出すだけの簡潔な作りのものが大部分である。ただし，とくにサイズが大きいものには複数のえぐりが入り，釣糸の装着をより強固にしている。

曲がり部分は，その幅または厚さの値が，軸部のそれに比してより大きくなっている。それだけ曲がり部分に強度をもたせたかったのであろう。

サイズについて見てみよう。後藤明氏によれば，対象とする魚類を想定し釣針のサイズを選択する場合，先端部長と最大幅がなす部分が直接的にそれと関係すると考え，その指標としてF値$=\sqrt{先端部 \times 最大幅}$を用いている[2]。このF値とそれによるサイズの大別（極大型・大型・中型・小型・極小型）に沿った場合，本遺跡出土品は小型・極小型にあたる。ただし，中型に相当すると思われる板状未製品も1点だけあり，サイズの上限となっている。

プロポーションから見れば，U字形とV字形とに識別される。最大幅に対して曲がり部分が長いものはU字形を，短いものはV字形を呈している。魚類が飲み込む面積は，V字形の方が小さくなる。逆に，魚類の口にかかる部分は，U字形の方が余裕をもつ。これをサイズとの関係で見るなら，より大きなサイズをもつものは，U字形を呈している。より口の大きな魚類に対しては，飲み込みやすさより，魚の口にかかる部分の余裕を先行させたのであろう。

鑚に着目するなら，本遺跡出土例はすべて無鑚である。このことは，対象が，鑚がなくても釣り上げられるものに限定されていたことを示している。

対象については，今後の課題である。しかしながら，石川隆司氏によって，最も釣りやすい釣針の大きさと魚体の大きさとの関係に着目した具体的な方法が提示されている[3]。それは，釣針の最大幅と出土する魚骨の最大口幅×0.5 を対応させる方法である。今後，出土魚類の中から，その最大口幅×0.5 が出土釣針の最大幅に符号し，かつ鑚がなくても釣り上げられるものを特定する必要があろう。さらに釣針の強度まで考慮するなら，実験的確認も行なった方がよかろう。

遺存状況について見てみよう。未製品，完形品を除いて考えれば，明らかに古い欠損部分をもつ12点のうち，針先を残しているものは1点のみであり，その少なさが指摘できる。使用時に破損したものが多いのではなかろうか。仮に破損品を使

用時の破損によるものとして見た場合，曲がりまたは曲がり付近を破損したものが８点に対し，軸部だけが残ったものは３点と少なくなり，曲がり部分での破損率が高かったことを示してしまう。

　以上のことをまとめると次のようなイメージとなろう。具体的対象の特定については，今後の仕事である。しかし，釣針のサイズで言えば，小型・極小型が主体となる。しかも鑢がなくてもすむような釣りの作業である。そして，その中でも大きめの釣針は，魚類の口を意識してか，かかり部分に余裕をもたせている。このようなサイズは，猪牙や獣骨で十分まかなえるものである。そして，面積がより広い一方製作に難を要する鹿角までは，必要としていない。また全体的な作りは簡潔そのものであり，余計な加工は一切省かれているようだ。このような釣針を実際に使う場合，曲がり部分で折れやすかったと見え，その部分にはことさら強度をもたせている。それでも不幸にして針先の方が折れてしまった釣針は持ち帰られ，貝塚内に残されたようである。ただ，明らかな完形品がまとまって残された理由は謎である。カルシウムの溶出による強度の低下によって，または節目として捨ててしまったのだろうか。

２　西日本における単式釣針の様相

　単式釣針は，南九州のみならず西日本に広く分布し，集成も行なわれている[4~6]。以下は，それによる出土状況である。

滋賀県大津市滋賀里貝塚	晩期	図 1—1
京都府竹野郡浜詰貝塚	後期	図 1—2
大阪府大阪市森の宮貝塚	後期	図 1—3・4
島根県八束郡小浜洞穴	後期	
岡山県倉敷市福田貝塚	後期	
岡山県笠岡市津雲貝塚	後期	図 1—5・6
広島県福山市大門貝塚	前~後期	
広島県福山市引野埋立地	前~後期	図 1—7
広島県比婆郡観音堂洞穴	早期	図 1—8
山口県長門市白潟遺跡	縄文	
愛媛県越智郡萩の岡貝塚	縄文	
愛媛県西条市禎瑞	縄文	図 1—9
愛媛県宇和島市日振島	縄文	図 1—10
福岡県遠賀郡山鹿貝塚	前~後期	
福岡県鞍手郡新延貝塚	中~後期	
福岡県糸島郡天神山貝塚	後期	
長崎県西彼杵郡脇岬貝塚	後期	
長崎県諫早市有喜貝塚	中~後期	図 1—11
熊本県天草郡沖ノ原貝塚	後期	
大分県大分市小池原貝塚	後期	図 1—12
大分県大分市横尾貝塚	後期	図 1—13
大分県直入郡竜宮洞穴	後期	図 1—14・15
鹿児島県曽於郡片野洞穴	後期	図 1—16
鹿児島県川内市麦之浦貝塚	後期	
鹿児島県日置郡市来貝塚	後期	
鹿児島県鹿児島市草野貝塚	後期	図 1—17~23

　ここでは，このような広い地域に視野を広げ，「比較」を通すことによって，単式釣針のあり方について検討してみたい。

　単式釣針の形態のうち，どこ（どれ）に着目するかが問題となってこようし，その着目の仕方によっていくつかのアプローチが生まれてくる。本小稿では，「釣針の全形を総合的に把握し，それを比較の中で位置づける」ための一つの試みを許していただきたい。ただし，資料数は少なく，あくまで方法の提示である。

　図１は，西日本における単式釣針のうち，完形もしくは完形の予想できるもの（前掲集成における実測図収録分）である。

　まず，これらを釣針計測部位（図１左上）に基づき計測した。a ～ g の７つの計測値は，単式釣針各個体の全形を説明する７つの変量である。

　次に，これらの変量について，できるだけ情報の損失がおこらないようにして，単一あるいはごく少数個の総合的指標（＝主成分）で表現を試みる。その際，その総合的指標上においては，変量が総合的におりなす値が，平均から最も散らばるようになっている。

　このような操作を行なう数学的・統計学的手続きは，多変量解析のうち主成分分析と呼ばれるものである。以下，その算出結果とそれによる解釈，そしてその指標上の各個体の位置を記そう。なお，指標上の各個体の分布を図２に示した。

　第一主成分は，一つの指標が本来の情報のうちどれくらいまでを説明するのかを示す寄与率が81％で，$0.40a + 0.39b + 0.40c + 0.41d + 0.32e + 0.36f + 0.37g$ と算出された。第一主成分は，釣針の全体的な大きさを示す指標であり，どの説明変量も全体的な変動に等しく関与している。この指標上では，5~7・9がより大型として，1~3・11~15・17~23がより小型として分布し，10・16がその中間に位置する（図２参照）。

　第二主成分は，寄与率12％で，$-0.09a - 0.22b + 0.31c + 0.10d + 0.73e - 0.49f - 0.27g$ と算出された。この指標上では，ふところが広くて

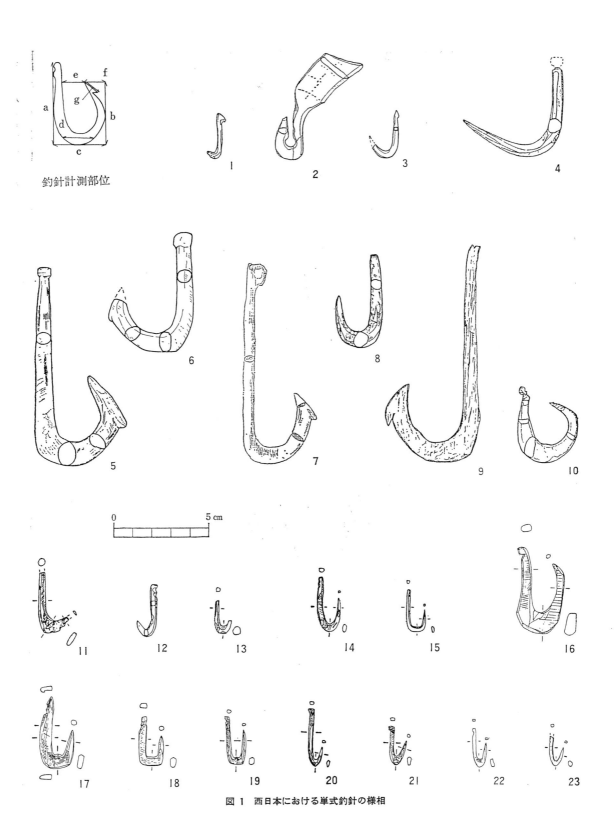

図1 西日本における単式釣針の様相

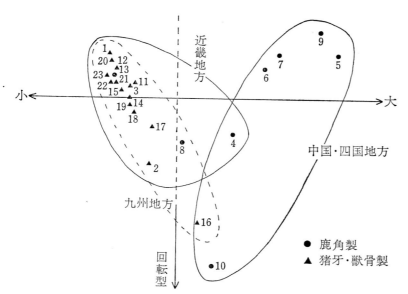

図 2 指標上における各個体の分布

針先は内に曲がることはなく，横広で，鐖もないような特異な形態のものが，とくに大きな値をもつであろう。この指標上では，ほとんど変異が認められない中で，4のみが正方向で非常にかけはなれた位置にある。この指標の意味からしても，4が西日本単式釣針の中で開放型とでもいうべき存在であったことがわかる。なお，第二主成分上の各個体の分布図は，紙面の都合上割愛した。

第三主成分は，寄与率5％で，$0.36a-0.40b-0.11c-0.32d+0.86e-0.28f+0.71g$ と算出された。この指標では，鐖がなく，針先が高くて軸が短く，そして曲がり幅も短く，針先が極端に内曲したものが，とくに小さい値を示す。このような特異な形態は，後藤明氏の紹介する回転型釣針の形態的特徴[7]に近い。回転型釣針は，水流の強いところで有利であり，回転により抜けにくく，さらに魚をばらしにくくて釣った魚をはずしやすい上に，海底にひっかかりにくいというすぐれた利点をもつそうだ。この指標上では，とくに10・16が負方向に非常に突出した位置にある。さらに，この10・16を大小の関係で見ると，中間的位置を占めている（図2参照）。このように第三主成分では，回転型の傾向を示している。

形態上の変異と素材の関係について見てみよう（図2参照）。より小型のものが，ほとんど猪牙や獣骨でまかなわれているのに対し，より大型のものは，すべて鹿角製である。やはり，大型の単式釣針製作には，鹿角が必要不可欠であったのだろ

う。8や13が鹿角製であることは，素材において大は小をかねるということであるが，あるいは対象に対し鹿角の強度が必要だったことも考えられる。

地域的なあり方について見てみよう（図2参照）。明らかな早期例の8を除けば，中国・四国地方のものは，より大型のグループをなしている。それと対照的に九州地方のものは，より小型のグループをなしている。そして，両グループの接点付近では，回転型の傾向があらわれている。近畿地方のものは，九州地方と同じくより小型のグループをなしている。その中でやや大型となる4は，形態上解放型とでもいうべき特異な位置を占め，さらに中国・四国地方のなすグループとの接点付近にある。

3 単式釣針の展開と東日本的文化複合体の西漸

西日本の単式釣針は，観音洞出土の早期例を除けば，確実なもので後期の所産である。

渡辺誠氏[5,8]は，単式釣針の出現時期と形態上の多様化から，後期の関東地方では，東北地方の影響下における釣漁業の盛行がうかがえるとしている。つづいて氏は，後期の西日本における単式釣針の展開を東日本からの文化的影響に求めている。

加えて氏は，後期に見られる東日本から西日本への文化的影響として磨消縄文手法，抜歯風習，切目石錘，打製石斧，浅鉢形土器，注口土器，土偶の伝播などを挙げ，これらを文化複合体として取り扱っている。

このような状況を背景とした西日本における単式釣針の様相を見るには，先に掲げた方法は，今後有効となろう。

ここで，比較資料として打製石斧の製作・形態・使用における変異を取り上げよう。

京都府桑飼下遺跡例[9]（後期中葉）では，節理が多く板状に剥がれやすい粘板岩の利用が指摘され，長さ／幅が2〜3と縦長の全形が主となる。愛媛県岩谷遺跡例[10]（後期中葉）では，細長の円礫（ホル

69

ンフェルス）を素材とした周縁への加工が指摘され，桑飼下同様に縦長の全形を示すものが主となる。

一方，福岡県下吉田遺跡例[11]（後期中葉）では，石質が軟質の緑泥片岩・砂岩・粘板岩他を用いた剥片素材とあり，長さ/幅は2を中心とした幅広の全形を呈する。鹿児島県草野貝塚例[1]（後期中葉）では，長さ/幅は2以下と幅広の全形を呈する。石材は砂岩・頁岩・ホルンフェルスとなり，剥片素材が目立つも，中には二次加工が表裏全面に及び，若干非偏平気味となり，石材もより硬質の印象をもつものもある。

また，桑飼下例・岩谷例・下吉田例が側縁のくびれがないもの（短冊形・撥形）が主体的であるのに対し，草野例ではくびれ部分（分銅形あるいは有肩形）を有している。

線条痕については，桑飼下例は長軸方向に平行である[9]。一方，下吉田例では，長軸方向に対し約45°の傾きがあるそうだ[11]。このような線条痕の差異は，具体的な使用方向における差異をうかがわせる。

まとめてみよう。近畿・四国地方と九州地方との間で，製作―長幅比に差異が生じ，使用方向にも差異がありそうである。さらに南九州のものは，側縁のくびれによって特徴的である。西日本における打製石斧を使った生業の流布の中で，九州では実際の道具を地域ごとに自前で創り出していったことが考えられる。ただし，今後，石材環境の確認も必要だろう。

4 漁具研究の方向

漁具を考古学的に取り扱う際には，漁具そのものの機能あるいは使用や製作の場面の復元をはかる場合と，他の遺物をも考慮した文化史論的な文脈の中で時期的・地域的展開を論ずる場合がある。本小稿の前半では前者を，後半では後者を試みた。ここでは，さらなる方向性についても若干触れてみたい。

それは，漁具というものが，過去の集団の意識の中でどのような存在であったかという問題である。

田中良之氏[12]は，文化構造に関してひとつのモデルを提示している。氏は，縄文後期初頭の九州におけるハイレヴェルの土器様式の対置においておこった現象について検討している。そして，情

報の動き・あり方の見地から土器の精粗の差を様式のレヴェル差に対応させている。さらに同じ見地から，生産用具が土器におけるローレヴェルでの動きを示し，装飾・呪術用具が土器における様式変化を待って受容される可能性を示している。そして，装飾・呪術用具と生産用具の差を文化要素としてのレヴェル差に対応させている。以上のことから，漁具のような生産用具は文化構造のローレヴェルに位置し，集団の伝統による規制をさほど強く受けることなく用いられるようであるとしている。

後藤明氏は，装飾要素を強調し何らかのシンボリックな意味をもつようになっていった縄文晩期東北の銛頭の存在を指摘している[13]。

今後，このような観点からも漁具の検討を行ないたい。

註
1) 出口 浩ほか『草野貝塚』鹿児島市教育委員会，1988
2) 後藤 明「釣針」縄文文化の研究，7，1983
3) 石川隆司「縄文貝塚出土釣針における漁獲選択性の応用」法政考古学，10，1985
4) 雨宮瑞生「先史時代環東中国海諸地域における骨角牙製漁撈具」物質文化，48，1987
5) 渡辺 誠「西北九州の縄文時代漁撈文化」列島の文化史，2，1985
6) 金子浩昌・忍沢成視『骨角器の研究』Ⅰ・Ⅱ，1986
7) 後藤 明「ポリネシアの銛と釣針」『海と民具』1987
8) 渡辺 誠『縄文時代の漁業』1973
9) 渡辺 誠・鈴木忠司ほか『桑飼下遺跡』舞鶴市教育委員会，1975
10) 西田 栄ほか『岩谷遺跡』岩谷遺跡発掘調査団，1979
11) 前田義人ほか『下吉田遺跡』北九州市教育文化事業団，1985
12) 田中良之「磨消縄文土器伝播のプロセス」『古文化論集』上，1982
13) 後藤 明「シンボリック・アーケオロジーの射程」東京大学考古学研究室紀要，2，1983

本小稿作成にあたり，次の方々のご教示・ご協力をいただいた。記して感謝したい。
新東晃一・出口 浩・西中川駿・本田道輝・前田潮・松永幸男・松元光春・渡辺 誠（敬称略）

琉球列島の貝製漁網錘

沖縄県教育委員会
■ 盛本　勲
（もりもと・いさお）

日本列島の最南端に位置しサンゴ礁という特異な水域環境を有する
琉球列島は，漁業文化においても孤立的で独自の発展を遂げてきた

サンゴ礁に縁どられた琉球列島は，地域的特性として容易に採取可能な貝類を道具として使用したものが多い。考古資料としてばかりでなく，民具の素材としても貝製民具の占める率は高く，その種類・用途も多岐にわたっていることはすでに先学の指摘するところである[1]。

本稿で述べる貝製漁網錘もその一つであり，原始・古代以来の漁業活動に関与してきたものと考える。しかし，該製品の用途推定については諸説あり，必ずしも一致した見解が得られているわけではない。そのため，発掘調査報告書などにも二枚貝（製）有孔製品や有孔貝などと称し，その用途や機能を避けて記される場合が多い。

筆者は，表題にも明記したように漁網錘としての立場から，当該地方に現存あるいは伝承される民俗調査資料より，その使用法・場所，対象魚，製作法などについての記録作成を行なうとともに，その成果より考古資料におけるアプローチとしての問題点を指摘したことがあるが[2]，その要旨は次の通りである。

すなわち，該地方の地域的特性として貝製品が多いなかで，同種製品が近年まで使用されていたことである。それは，管状土錘が導入されても定着をみなかったことからも首肯される。このことは，サンゴ礁という底質との関係において理解できる。しかし，漁法（刺網などの表層魚を対象とした浮かし網など）によっては使用されることもある。

そして，該種製品を用いた網は，視覚と音響の威嚇作用による追込み漁法を中心に，定置網，曳網，刺網，叉手網などと，ほとんどすべての網に使用していること。対象魚としては，大小・種を問わずサンゴ礁内外に棲息する魚はほとんど根こそぎ捕獲している，ということであった。

民俗資料では，この貝製漁網錘に使用されている貝種には大別して，シャコガイ科とタカラガイ科の2種があったが，本稿では紙数などの関係から考古資料としても，より古い形態を示すシャコガイ科を中心とした二枚貝製錘に限定し，追体験による製作実験を通した用途・機能の検討と，地理的・時期的分布状態の把握を目的とする。

1　シャコガイ製錘の製作について

1980年10月6日に座間味村慶留間の仲村徳太郎さん（明治42年生）より，シャコガイ製錘の製作法についてのお話を伺い，さらに追体験により製作していただいた（モノクロ口絵参照）。

この話と追体験は，貝の特性・使用法などとも密接な関係を示唆しているとともに，遺跡出土の同種製品を考える上で極めて重要な情報だと思われたので記す。

1. 素材となる貝は，藻などのついた新しいものは失格である。日頃食べて海浜などに捨てたものの中から水磨を受けて，手頃な大きさになった状態のものを拾ってきて使う。
2. 孔は，アサンザニ（本来，芋掘り用の耨耕具である）や五寸釘，タガネなどの鉄製の先の尖ったものを使う。
3. 穿孔は，貝の内側面を表にして地面におき，2の道具をあてて，ハンマーで一気に叩く。この穿孔時に失敗することが多く，追体験していただいた際も2例中1例は失敗した。
4. 穿孔後は，そのままだと剝離面が鋭利なため使用中に沈子縄に結んだ紐が切れたりするので穿孔した道具で紐を結ぶ箇所のみ簡単に磨く。
5. 重量の調整などということでとくに貝の縁辺部を打ち欠いたりするようなことはしない。へたにやろうとすると全体が割れることがある。そのため，ある程度水磨を受けた重量のほぼ一定したものを採取してくる。
6. 沈子縄に付ける際の間隔は，概ね1尺ほどであるが，若干軽いものや重いものがある場合は，その間隔を伸縮して調整することがある。
7. 沈子縄に付ける際は，網糸のような水に強い糸できつくしっかりと結ぶ（図1参照）。し

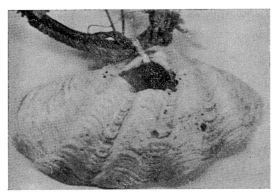

図1 シャコガイ製錘の装着状態（沖縄県博蔵）

っかりと結ばないと糸が切れて脱落することがある。落とした時は，その間隙から魚が逃げるためすぐに補塡する。

2　出土資料の検討

これまでに，発掘調査によって出土した貝製漁網錘は59遺跡より，少なくとも1,218例以上が知られている（図2，表1）。しかし，沖縄県立博物館蔵の網や民俗例にみる限り，シャコガイ製錘の場合約1尺間隔で付し，約9.4×1.5mの網に29個は付いていることや，ほとんどの漁師が2〜3枚は所持していたということなどを考慮すると決して多い数とは言えない。ただし，この数はすべてプライマリーな出土を対象としたものである。

図2からわかるように，分布の中心は沖縄本島とその周辺地域にあり，奄美地域には6遺跡128例が知られるのみである。このことは，当然のことながら発掘件数やその規模などによる要因も考慮しなければならないが，沖縄地域では考古・民具資料において貝製品が多岐にわたって存在するのに対し，奄美地域では前者ほどその頻度が高くない，ということからも首肯される。また，使用貝種の天然分布とも無関係ではないと考える。すなわち，そのほとんどが殻が厚く堅固な暖海産の貝であり，奄美地域はこれらの天然分布の北限に近い。このことについては，その天然分布と食料残滓の貝類遺存体をも含めた検討が要されよう。

興味深い出土例としては，読谷村木綿原遺跡第4号人骨近くと5号石棺内出土例，渡名喜村西底原第6号人骨共伴例，伊江村人志原貝塚の散乱人骨共伴例，具志川村大原貝塚の人骨共伴例など埋葬習俗との関連で把握される例もあるが，これに

ついては本稿の目的からはずれるので割愛する。

次に，これらの使用貝種とその時期的変遷について検討する（図3）。現在までに知られている使用貝種は次の12科28種がある。

1. フネガイ科（リュウキュウサルボウガイ，エガイ，ハイガイ）
2. タマキガイ科（タマキガイ，ソメワケグリガイ）
3. ウグイスガイ科（アコヤガイ）
4. ウミギク科（メンガイ，ウミギクガイ，ミヒカリメンガイ）
5. シジミガイ科（シレナシジミ）
6. ツキガイ科（ツキガイ）
7. キクザルガイ科（キクザルガイ）
8. シャコガイ科（ヒメジャコガイ，シラナミ，ヒレジャコガイ）
9. ザルガイ科（ザルガイ，カワラガイ，リュウキュウザルガイ）
10. マルスダレガイ科（ヌノメガイ，ユウカゲハマグリ，ハマグリ，チョウセンハマグリ，アラスジケマンガイ）
11. リュウキュウマスオガイ科（リュウキュウマスオガイ）
12. ニッコウガイ科（ニッコウガイ，リュウキュウオオギガイ，サメザラガイ，リュウキュウシラトリガイ）

これらはその大きさや重量などからしてシャコガイ科と，他の二枚貝に大別される。

時期的には旧石器時代相当期，沖縄前Ⅰ期（縄文早期相当期）例は知られていない。最古例は沖永良部島知名町神野（かみの）貝塚出土の前Ⅱ期（縄文前期相当）室川（むろかわ）下層式共伴のリュウキュウマスオガイ1，シャコガイ科1を初出とする。が，しかし次期前Ⅲ期（縄文中期相当期）には出土例がない。

これに後続するものとしては，同貝塚Ⅳ層出土の前Ⅳ期前葉に位置づけられている神野D式〜伊波（いは）式期の縄文後期初頭〜中葉共伴例である。使用貝種はヒメジャコとエガイである。これとほぼ併行するのが石川市古我地原貝塚出土例である。

これらに後続する例としては，恩納村伊武部貝塚Ⅲ層，読谷村木綿原遺跡Ⅴ層，嘉手納町嘉手納貝塚，勝連町津堅島キガ浜貝塚，具志川市地荒原貝塚，沖縄市仲宗根貝塚，知念村熱田（あつた）原貝塚，玉城村百名第2貝塚，座間味村古座間味貝塚Ⅰ区3・4層，同Ⅱ区の前Ⅳ期中〜後葉の伊波〜大山式期例である。該期になると前時期に比して遺跡数・量ともに増加の兆しがみられる。

72

表 1　貝製漁網錘出土遺跡一覧表

No.	遺　跡　名	時　期	貝　種　別　数　量		シャコガイ科
			シャコガイ科以外の二枚貝		
1	笠利町サウチ遺跡	縄文晩期 弥生中期	メンガイ類11、チサラガイ1、イタヤガイ1、キクザルガイ1		0
2	笠利町泉川遺跡	兼久式 (古墳後～平安前)	ツキガイ1、サメザラガイ1、ミヒカリメンガイ1、リュウキュウマスオガイ1		0
3	笠利町長浜金久第1遺跡	兼久式 (古墳末～平安前)	メンガイ74(37点は一括出土)、カワラガイ9、ツキガイ1、ウチワガイ3、ソメワケクリガイ5		1
4	伊仙町面縄第1貝塚	兼久式 (7C代)	メンガイ類5		2
5	伊仙町面縄第3貝塚	兼久式	メンガイ類5		1
6	伊仙町面縄第4貝塚東洞部	縄文前～後期	リュウキュウサルボウガイ1、メンガイ1		0
7	知名町神野貝塚	前II・IV期	リュウキュウマスオガイ1、エガイ1		1
8	伊平屋村久里原貝塚	前V期	カワラガイ4、リュウキュウサルボウガイ4		0
9	伊是名村具志川島遺跡群西地点	後II期	0		2
10	伊江村具志原貝塚	後II期	メンガイ61(1963年度調査) メンガイ86ほか(散乱人骨に伴い出土)(1984年度調査の一部)		13
11	伊江村阿良貝塚	後II期	リュウキュウサルボウガイ2、リュウキュウマスオガイ1、シレナシジミガイ2、メンガイ2		7
12	伊江村浜崎貝塚1地区	後II期	リュウキュウサルボウガイ1		7
13	大宜味村喜如嘉貝塚	後III期	メンガイ39、リュウキュウサルボウガイ1、シレナシジミガイ2		3
14	今帰仁村浜原貝塚	前IVV期 後　期	ウミギク科8、リュウキュウサルボウガイ1、ソメワケクリガイ1		5
15	本部町具志堅貝塚	後II期	リュウキュウサルボウガイ1、アコヤガイ1、シレナシジミガイ1、ウミギクガイ1、カワラガイ1		2
16	本部町備瀬貝塚	後II期	リュウキュウサルボウガイ1(1967年度調査)リュウキュウサルボウガイ4、メンガイ18、ハイガイ1、ソメワケクリガイ1、リュウキュウマスオガイ1、シレナシジミガイ1(アコヤガイ35、ヤコウガイ2一括出土)*(1985年度調査)		1 9
17	本部町兼久原貝塚	後　期	メンガイ21、リュウキュウサルボウガイ2、タマキガイ1(不明1)		17
18	名護市名護貝塚	後　期	リュウキュウサルボウガイ22、カワラガイ4、メンガイ3、ソメワケクリガイ3、リュウキュウザルガイ3、キクザルガイ1		3
19	恩納村伊武部貝塚	前IV期 後　期	リュウキュウサルボウガイ12、メンガイ17、カワラガイ5、ソメワケクリガイ1、ヌノメガイ1、リュウキュウマスオガイ2、ザルボウガイ1、不明貝1		4
20	恩納村熱田貝塚	後　期	リュウキュウサルボウガイ3、メンガイ167		51
21	恩納村仲泊遺跡第4貝塚	前IV期	リュウキュウザルガイ1		0
22	石川市古我地原貝塚	前IV期	リュウキュウサルボウガイ2、カワラガイ2、シレナシジミガイ3		1
23	読谷村浜屋原貝塚	後I期	ウミギク科1		0
24	読谷村木綿原遺跡	前IV期 後　期	メンガイ3、リュウキュウサルボウガイ7		6
25	嘉手納町嘉手納貝塚	前IV期	リュウキュウサルボウガイ3		0
26	沖縄市室川貝塚	前V期	リュウキュウサルボウガイ1、リュウキュウオオギガイ1、リュウキュウザルガイ1		1
27	沖縄市仲宗根貝塚	前IV期	リュウキュウサルボウガイ2		0
28	具志川市字堅貝塚群	後　期	リュウキュウサルボウガイ8、リュウキュウマスオガイ1		5
29	具志川市アカジャンガー貝塚	後　期	リュウキュウサルボウガイ15、リュウキュウザルガイ・ユウカゲハマグリ13(1960年報告)、ニッコウガイ1、リュウキュウサルボウガイ11(1980年報告)		5
30	具志川市地荒原貝塚	前IV～V期	リュウキュウサルボウガイ14、ザルガイ10、メンガイ2		1
31	勝連町勝連城跡	グスク	メンガイ8、リュウキュウサルボウ5、カワラガイ1		
32	勝連町勝連城跡南貝塚	後IV期	リュウキュウサルボウガイ48、メンガイ科7、カワラガイ8、ザルガイ1、ソメワケクリガイ1(1982年度調査)		7

No.	遺　跡　名	時　期	貝　種　別　数　量　　シャコガイ科以外の二枚貝	シャコガイ科
33	勝連町ヤブチ洞穴遺跡（上層）	後　期	0	1
34	勝連町キガ浜貝塚	前 IV 期	リュウキュウサルボウガイ 4	0
35	勝連町津堅貝塚	後　期	リュウキュウサルボウガイ、ヒメジャコ15〜16(内訳不明)	
36	北谷町北谷城第7遺跡	グスク	リュウキュウサルボウガイ 1	0
37	西原町与那城貝塚	後 IV 期	ハマグリ？1	1
38	浦添市真久原遺跡	グスク	リュウキュウサルボウガイ 1	0
39	浦添市牧港貝塚	後　期	リュウキュウサルボウガイ20、リュウキュウマスオガイ1、カワラガイ2、シレナシジミガイ2、カキ1、メンガイ7	19
40	那覇市崎樋川貝塚B地点	後　期	メンガイ2、リュウキュウサルボウガイ2	7
41	知念村熱田原貝塚	前 IV 期	ウミギク科1	0
42	知念村久高島シマシヤーマ貝塚	後　期	リュウキュウサルボウガイ3、リュウキュウマスオガイ1	3
43	知念村百名第2貝塚	前 IV 期	リュウキュウサルボウガイ9、ウミキク科1、チョウセンハマグリ1	0
44	糸満市フェンサグスク	後IV期〜グスク	メンガイ2	8
45	糸満市米須貝塚	後　期	ツキヒガイ類似1	3
46	座間味村古座間味貝塚	前 IV 期 後 I 期	リュウキュウサルボウガイ2	3
47	渡名喜村西底原遺跡D地点	後　期	ウミギクガイ1（第6号人骨共伴）	19
48	具志川村大原貝塚	前 V 期	ウミギクガイ2、ヌノメガイ1、カワラガイ45、リュウキュウマスオガイ6、リュウキュウシラトリガイ2、サメザラガイ2（カワラガイ7、リュウキュウシラトリガイ1、リュウキュウマスオガイ1の計10点は人骨共伴）	0
49	平良市住屋遺跡	近　世	0	12
50	上野村宮国元島遺跡	近　世	リュウキュウマスオガイ1	7
51	石垣市ヤマバレー遺跡	八重山III	0	6
52	石垣市竿若東遺跡	八重山III	0	1
53	石垣市ビロースク遺跡	グスク	0	27
54	石垣市山原貝塚	八重山III	0	1
55	石垣市カンドウ原遺跡	八重山III	リュウキュウサルボウガイ1、リュウキュウシラトリガイ1	17
56	竹富町鳩間中森貝塚	八重山III	0	1
57	竹富町成屋遺跡	八重山III	0	24
58	竹富町下田原貝塚	八重山I	リュウキュウサルボウガイ12(1964年報告)、リュウキュウサルボウガイ47、シレナシジミガイ2(1983〜85年度調査)	2
59	竹富町大泊浜貝塚	八重山II	シレナシジミガイ2	0

＊これについては、製品の素材（アコヤガイ、ヤコウガイ）や製作技法などを含めて検討を要するが、とりあえず表には含めた。

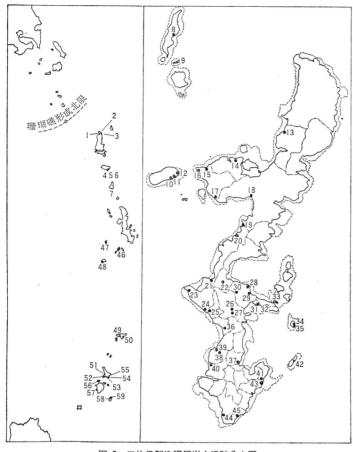

図2 二枚貝製漁網錘出土遺跡分布図

次期の前V期（縄文晩期相当期）例としては，笠利町サウチ遺跡東南地区3層の面縄西洞式に伴出したメンガイ類，イタヤガイ，キクザルガイ，シ

ラナミ製7，伊平屋村久里原貝塚V層の宇佐浜・室川式主体に伴出したカワラガイ製3，サルボウ製2，今帰仁村浜原貝塚Ⅳ層出土のリュウキュウサルボウ製1，読谷村木綿原Ⅳ層出土のリュウキュウサルボウ製3，シャコガイ製1，沖縄市室川貝塚S-5・7区Ⅲ層およびTトレンチ11・12層，T-16・17区Ⅶ・Ⅷ層のカヤウチバンタ式〜室川式A式主体に伴出したリュウキュウサルボウ製4，リュウキュウオオギガイ製1，リュウキュウザルガイ製1，シャコガイ科製1，具志川村大原貝塚出土の人骨伴出例（室川様式の範疇）とカヤウチバンタ式・宇佐浜式期の2基の石組遺構内出土のカワラガイ製45，リュウキュウマスオガイ製6，リュウキュウシラトリガイ製2，サメザラガイ製2，ウミギクガイ製2，ヌノメガイ製1の出土がある。

このように，該期になると1遺跡あたりの出土数が前時期に比してかなりの増加傾向を示す。とりわけ具志川村大原貝塚は他貝塚を凌駕している。使用貝種もフネガイ科，タマキガイ科・ザルガイ科・マルスダレガイ科・リュウキュウマスオガイ科・ウミギク科・シャコガイ科と多種に及んでいる。

以上までが縄文相当期で，以後は弥生以降相当

時代 貝種	本土 沖縄	縄文前期 前Ⅱ期	縄文中期 前Ⅲ期	縄文後期 前Ⅳ期	縄文晩期 前Ⅴ期	弥生前期 後Ⅰ期	弥生中期 後Ⅱ期	弥生後期 後Ⅲ期	古墳〜平安 後Ⅳ期	鎌倉〜室町 グスク	江戸 近世	近代	現代
シャコガイ科以外の二枚貝	フネガイ科												
	タマキガイ科												
	ウグイスガイ科												
	ウミギク科												
	シジミガイ科												
	キクザル科												
	ザルガイ科												
	マルスダレガイ科												
	リュウキュウマスオガイ科												
	ニッコウガイ科												
シャコガイ科													

図3 貝製漁網錘の時期的変遷

75

期である。

後Ⅰ期（弥生前期相当）例は，該期に属する明確な遺跡が判然としないため不明な部分が多い。しいてあげれば，読谷村木綿原遺跡Ⅲ層は第1号石棺棺外副葬の同期末に属する土器の伴出などからして該期に比定されよう。同層からはリュウキュウサルボウガイ製4，メンガイ製3，シャコガイ製3が得られている。

後Ⅱ期（弥生中期相当）例は，笠利町サウチ遺跡の弥生中期層より若い層出土のメンガイ・ウミギクガイ製8，伊江村具志原貝塚（1963年調査）Ⅳ層出土のシャコガイ科製13，メンガイ製61，今帰仁村浜原貝塚Ⅱ層出土のウミギク科製8，シャコガイ科製5，ソメワケグリガイ製1，本部町備瀬貝塚出土のシャコガイ科製10，メンガイ製18，リュウキュウサルボウガイ製5，ハイガイ製1，ソメワケグリガイ製1，リュウキュウマスオガイ製1，シレナシジミガイ製1，具志川市宇堅貝塚のリュウキュウサルボウ製8，リュウキュウマスオガイ製1，ヒメジャコ製5，同アカジャンガー貝塚（1980報告）のリュウキュウサルボウガイ製9，ニッコウガイ製1と，浜原貝塚と宇堅貝塚にタマキガイ科，フネガイ科，リュウキュウマスオガイ科が見られるのみで，メンガイ科と重量のあるシャコガイ科が主体を占めている。

後Ⅲ期（弥生後期～古墳時代相当期）例は，本部町兼久原貝塚出土のリュウキュウサルボウ製2，タマキガイ製1，メンガイ製21，シャコガイ製17，大宜味村喜如嘉貝塚出土のソメワケグリ製3，リュウキュウサルボウガイ製1，メンガイ製49，ヒメジャコ製3，恩納村熱田貝塚出土のメンガイ製主体（含アコヤガイ，マルオミナエシ）141，シャコガイ科製61，リュウキュウサルボウガイ製3，具志川市アカジャンガー貝塚（1960年報告）のリュウキュウサルボウガイ製15，シャコガイ製5，リュウキュウザルガイ製・ユウカゲハマグリ製13と，該期には1遺跡あたりの出土数が極端な増加傾向を示すとともにメンガイ科，シャコガイ科製が圧倒的多数を占める。両者についてみると喜如嘉貝塚で9割以上，熱田貝塚でも7割とメンガイ科がシャコガイ科を凌いでいる。

後続する後Ⅳ期（奈良～平安時代初頭相当）例は，沖縄地域では勝連町勝連城跡南貝塚（1984年報告）のリュウキュウサルボウガイ製48，カワラガイ製8，シャコガイ科製7，メンガイ製7，ザルガイ

製1，ソメワケグリガイ製1，糸満市フェンサ城貝塚のヒメジャコ製8，メンガイ製2がある。奄美地域では兼久式期の笠利町泉川遺跡，同長浜兼久第1遺跡，伊仙町面縄第1・3貝塚が該期に属するようである。これらのなかでも長浜兼久第1遺跡以外は，ウミギク科製を主とするもの5～7点と貧弱である。しかし，長浜兼久第1遺跡はメンガイ科37点の一括出土例を含めてメンガイ科製74，カワラガイ9，ソメワケグリガイ5，ウチワガイ3，ツキガイ1，シャコガイ科製1と多量の出土をみる。

このように，縄文時代前期相当期を初出とし中期相当期は欠くものの，後期からは出土遺跡数・量とも増加の一途をたどり，以後奈良～平安初頭相当期に至る各時期にわたって二枚貝製漁網錘が得られている。後続するグスク時代例は，北谷町北谷城第7遺跡のリュウキュウサルボウガイ製1と勝連町勝連城跡本丸・二の丸跡のリュウキュウサルボウガイ製5，メンガイ製8，カワラガイ製1が知られるのみで，前時期までに比すると遺跡数・量とも極端に少ない。これは立地が石灰岩丘陵上に所在することや調査主眼が廓内の遺構調査におかれていることに起因するであろう。グスクには，廓外に貝塚を有している場合もあることより，この部分の調査例の増加とともに資料の追加が望まれる。また，該時代になるとタカラガイ科製錘が出現することも無関係ではないと推す。

宮古・八重山の先島地域については，編年体系が異なることより，その詳細な時期の比較検討については判然としないが，いずれにせよ現時点での最古段階であるところの下田原式土器期（下田原貝塚）にはリュウキュウサルボウ，シレナシジミガイ，シャコガイ科製の出土がみられる。その後，量的には僅少ながらも近世・古島期に至る各時期にわたってリュウキュウサルボウガイ，リュウキュウマスオガイ，リュウキュウシラトリガイ，シャコガイ科製などが得られている。

3　重量と孔径

重量の判明しているのは，総数の66%にあたる686例である。これらを10gごとの階級値でみると，全体として1～19gをピークとし，当然のことながらシャコガイ科製以外は30g以下の比較的狭い範囲に集中していることがわかる。これに対し，シャコガイ科製も10～19gを第1次の

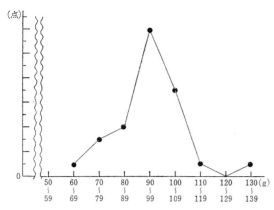

図4 沖縄県博蔵シャコガイ製錘の重量分布

ピークとするが，60〜69gに第2次のピークがあり，この2つのピークからかけ離れて散在しており，その分布範囲も400g台までと幅広くバラツキがみられる。このことは，シャコガイ科製以外の二枚貝が成貝と推される一定の大きさのものを使用しているのに対し，シャコガイ科製はその厳密な区別はなされていないようである。

図4に示したのは，沖縄県立博物館蔵のシャコガイ科製の網（イワナワ9.455m，アバナワ7.899m，高さ1.56m）装着の29個のシャコガイ科（ヒメジャコ28，ヒレジャコ1）の重量分布である。これをみると，最小で64g，最大で134gと若干の幅はみられるものの，平均94.8gと比較的狭い範囲内に集中していることが窺える。

このように，民俗資料では1）で述べたように手頃な大きさの素材を採取してきて使用するため，その重量がある程度集中する傾向にある。考古資料においてもシャコガイ科製以外は30g以内までに集中することは，上記した通りであるがシャコガイ科製についてはバラツキがみられる。

次に孔径とその製作についてみてみよう。孔はそのほとんどが貝の内側から穿たれており，孔径も1cm前後から4〜5cmと幅はあるものの，1〜2cmまでのものが9割以上を占める。沖縄県立博物館蔵の資料と比較すると，同資料も最小で1.2cm，最大で3cm，平均1.68cmと酷似する。

4 追体験による製作からみた貝製漁網錘

ここでは，当該製品の属性を追体験による製作実験から用途・機能について検討してみる。

はじめに，これまでにみてきた考古資料の内包する諸特徴について記す。

a．ほとんどがほぼ全面に水磨を受けている。
b．製作は研磨などの二次的加工を施さず，主として打撃による粗孔のみであるが，まれに縁辺部が欠けているものが見受けられる。
c．穿孔箇所は，主歯に近い最も肉厚の殻頂部とその周辺に限られる。
d．孔は，そのすべてが外面に粗い剝離痕を有することから，内側からの穿孔であることが明白である。
e．孔形は，概して略円形及び楕円状を呈す。
f．孔は，複数回にわたって穿孔したと推される複孔例と，1回の打撃のみによると推される単孔例とがある。
g．シャコガイ科のヒレジャコガイの場合，該種特有の放射肋上に立つヒレ（鱗片状突起）を除去している場合が多い。
h．孔には，紐ずれ痕は観察されない。

これらの諸特徴と2）で記した追体験による製作実験などとの比較検討を行なう。

a）は，身を食した後海浜に捨てて水磨などによって手頃な重さにするとともに，附着している藻や貝自体のもつ天然色を脱色するという意味も含まれるであろう。すなわち，白色にし海中でキラキラ光らせることによって魚を威嚇する効果を高めるのである。縁辺部あるいは孔周縁などの摩耗は，使用の段階で海底のサンゴ礁にあたって摩滅を受けたものであろう。

b）は，この状態で完成されたものであることより，民俗（族）資料などからして貝輪などの製作途中段階のものではなく，漁網錘としての用途・機能を推する有力な根拠となりうる一つである。まれに縁辺部が欠落しているものが見受けられるのは，あるいは使用時に海底のサンゴ礁にあたって欠損した可能性が高い。1—5)で記したように，民俗調査では重量の調整などということで，とくに打ち欠いたりはしないという。へたにやろうとすると全体が割れたりするようである。

c）は，垂下のためのバランスを保持するための当然のことであり，該製品の用途推定のすべてに当てはまる。

d）は，素材となっている二枚貝自体が湾曲しているため，凸面（外側）からでは打面が不安定になるとともに，打力が分散し全体が割れる可能性が高いことより，当然の結果として内側（凹面）からの穿孔となる。

f）は，穿孔具の問題であろう。民俗例ではタガネやアサンザニなどの鉄製の比較的先端の幅をもって先端の尖った道具を使用しているため，単孔例が多いようであるが考古資料としての道具については不明である。これについては，今後に残された課題である。

g）は，網の移動時などの取り扱いにおいて錯綜したりするからである。

h）は，錘が網からはずれることのないように沈子縄にきつくしっかりと縛って着装する（図1）からである。そのため，縛った部分のみには使用時に摩滅を受けない箇所（装着痕・緊縛痕）が観察される例があるようである[3]。

5 ま と め

地理的分布をみた場合，その中心が沖縄地域にあり，奄美地域ではより少ないことが明確になった。このことについては2）でも検討したように使用貝の天然分布と食料残滓の貝類遺存体をも含めた検討をなされるべきことは多言を要しないであろう。

そして，時期的には神野貝塚下層（縄文前期）例を初現とするが，遺跡数・出土量の増加傾向がみられるのは前Ⅳ期（縄文後期）を一つの画期とするようである。その後，時期的に下降するに従って遺跡数・出土量ともに増加の傾向を示し，後期（弥生以降相当期）になってくると，ウミギク科製や重量のあるシャコガイ科製が増加するという遷移過程が窺える。とりわけ，ウミギク科製は他種を圧倒している。

民俗資料ではシャコガイ科単独使用がみられたが，出土資料では量的にまとまった単独例がなく，多くが他の二枚貝との共伴である。では，これらの共伴例をどのように解釈すればよいのであろうか。解釈法の一例としては，渡名喜村西底原第6号人骨のシャコガイ科19とウミギク科1の出土状態であろう[4]。

このようなことから，琉球列島の原始〜古代における貝製漁網錘の使用法は，国営沖縄記念公園内海洋文化館展示のソロモン諸島パプア・ニューギニアの網（ヒメジャコ1個に対し，サルボウ2〜4個）のように，シャコガイ科と他の二枚貝を組み合わせた使用法を推する。しかし，笠利町長浜金久第1遺跡のウミギク科製の一括出土例（37点）などのように，単独使用例のあった可能性も残され

ている。今後の類例の追加を待って検討したい。

本土では，縄文晩期中葉の水稲栽培の開始とともに西北九州に管状土錘が導入され，それまでの土錘や石錘などの漁網錘を駆逐するが[5]，琉球列島ではグスク時代になってわずかにその出土をみるだけで，原始・古代における漁網錘は一貫して貝製漁網錘が主流をなしていたようである。その理由は単純明解で，底質がかたくて凹凸の多いサンゴ礁海域のこの地方では，土製錘では割れやすくて使いものにならないのである。グスク時代のわずかな出土例は，刺網などの浮かし網としての表層魚を対象とした新たな網漁の分化を示唆しているようである。

黒潮に洗われるこの地方特有のサンゴ礁海域は海の透明度が高く，年間通して適度な水温を保っているという網漁業の生成・発展には好条件を具備している。サンゴ礁は島の周辺だけではなく，はるか沖合いまで浅瀬を形成する。漁師仲間にスニ[6]と称される沖の浅瀬は潮流に微妙な変化を生み，それが原因で微生物の発生が盛んであることも追込み漁業を始めとした各種の網漁業を発展せしめたエコロジカルな背景として重要である。

　　　×　　　×　　　×

貝製漁網錘の考古資料と民具資料との対比は，両者の基礎データの整備が十分でないため詳細な比較検討が行なえない。とりわけ，考古資料についてはもっとも基礎となる重量，孔径などの法量の提示が強く望まれる。これらの基礎研究を進めた上で捕獲対象物としての魚骨をも含めた総合的研究を行ないたいと考えている。

註
1）上江洲均「沖縄の貝具」琉球政府立博物館々報，5，1972
2）拙稿「奄美・沖縄地方における貝製漁網錘の研究（その1・2）」物質文化，37・38，1981・82
3）家田淳一「シャコ貝科製貝錘の機能」琉大史学，13，1983
4）該例は，埋葬人骨に伴った一例である。これについては稿を改めて論ずるつもりであるが，筆者の考える結論的なことを言えば，同資料は死後網をかぶせたのであろうということである。
5）渡辺 誠「第八章 縄文・弥生時代の骨角製漁具」『装身具と骨角製漁具の知識』所収，1988
6）島袋信三「沖縄のサンゴ礁海域の地名」季刊自然と文化，夏季号，1983

●最近の発掘から

弥生前期から室町時代の集落跡——香川県下川津遺跡

藤 好 史 郎　香川県埋蔵文化財調査センター

　香川県教育委員会は，昭和60年より62年にかけて，瀬戸大橋坂出インターチェンジ建設に伴う埋蔵文化財の発掘調査を，坂出市川津町下川津遺跡で実施した。当遺跡は，丸亀平野東部を流れる大束川東岸に位置する集落遺跡である。調査対象地の中央部の標高5m前後の，旧河道によって4分された微高地上には，弥生時代前期から室町時代にかけて断続的に営まれた集落の居住域が広がり，埋没河川内からは，弥生時代後期・奈良時代・平安時代後期の水田跡および7世紀代を中心とする木製品を含む多量の遺物が出土した。中央部の微高地は，東西を流れる埋没河川により南部と北部で狭くなっており，調査対象地は地形的にまとまりを有する。

1 集落域の概要

　第1期（弥生時代前期）　実質的に下川津遺跡で集落活動が始まる時期である。遺物・遺構とも第1微高地の南部を中心とした分布を示す。縄文時代晩期突帯文土器も出土するが，単独では検出されず，弥生前期の土器群と共存するような出土である。弥生前期の遺物の大半は古段階の時期に比定され，壺甕の口縁部直下や肩部に成形時の段を残す。当遺跡では弥生時代前期新段階の土器は第1調査区南西部などでごくわずか認められるほかは，ほとんど出土していない。比較的限定された時期の所産のものである。古段階の時期の遺構としては，調査区の北部の第1微高地中央部で竪穴住居状遺構を1棟検出している。また新段階の土器群の中には，北部九州遠賀川流域で弥生中期初頭に比定されている城ノ越式タイプの，底部が細く筒状にすぼまり肥厚する甕が含まれている点は注目される。

　第2期　弥生時代前期で集落は断絶し，空白期となる。調査区内で中期から後期前半代の遺構・遺物は皆無である。後期後半代になり各微高地に遺構が広がる。古墳時代前期までこの時期の遺構群は継続する。当該期の竪穴住居は35棟検出した。調査区の北端に位置する第1微高地が28棟ともっとも多い。これに対し調査区南部の第4微高地は，面積的に広く，古墳時代後期になると竪穴住居の分布の一つの中心となるものの，この時期には，わずかに1棟の痕跡を認めるのみである。第4微高地の中央部はやや削平が進んでいるが，もともと少なかった可能性が高い。

　この時期の竪穴住居群の分布を見ると，一部が水田などに利用された自然河川 SR 05 沿いに展開する。古墳時代後期のものとは様相が異なる。当期の竪穴住居のプランは，円形のものと隅丸方形のものがあり，円形の竪穴住居は大型，隅丸方形のものは中・小型と規模の差が認められ，必ずしも時期差によるものだけではない。

　下川津遺跡の当期の竪穴住居出土の土器群の大半の在地色の濃厚な器種については形態的な変化が少なく，先後関係を読み取るのは困難である。この時期の主要な遺物には土器・石器のほか，板状鉄斧や小型仿製鏡などの金属製品がある。限定された単一時期における住居群の構成および変遷については現在検討中であり，本報告に委ねることとしたい。ただ第2期の集落の終焉は古墳時代前期まで下り，布留系の土器を含む方形の竪穴住居が数棟ほど出現して終焉を迎えるようである。第2期集落の末期に前後して，南東500mほどの距離に仿製三角縁神獣鏡を持つ川津茶臼山が出現するのは興味深い。

　第3期　6世紀後半代になり，竈を持つ竪穴住居群が調査区内の全微高地上に出現する。52棟検出した。第2期の集落が微高地を横切る埋没河川 SR 05 沿いに展開するのに比べ，この時期の竪穴住居群は微高地の中央部にまで拡大した分布を見せる。調査区の南部の第4微高地に32棟分布し，第2期では集落域の中心からはずれた第4微高地上が分布の中心となる。

　また第4微高地南部では，丸亀平野東部に認められる条里とほぼ一致する方位（N 23°W）を有し，規格化された配置を示す，掘立柱建物と竪穴住居で構成される建物群を検出した。この群は，陶邑編年Ⅱ-5期を下限とする須恵器・金銅製圭頭大刀の把頭・碧玉製管玉・銅製耳環などを含む溝を切って営まれている。この時期差を有する遺構は検出面が異なり，後出する「条里」方位の建物群は整地後に営まれたものである可能性が高い。

　第2期の竪穴住居群は，旧地形に影響された主軸方位を示す。この典型的な例は第2微高地の竪穴住居群に認められる。各竪穴住居は埋没河川のカーブに従い等高線と平行する主軸方位を示す。各竪穴住居の配置上の関連は，ほぼ等間隔の距離をおいて営まれている程度のもので，規格の対象範囲は各微高地内の数棟単位の住居にとどまる。これに対して第3期の集落は，微高地を越えた主軸方位の類似性が認められ，各微高地内のまとまりを

有する建物群が方形配置である点において，基本的に第2期の集落と様相を異にする。

　前述した遺構の切り合いによる先後関係からすれば，第3期の集落は当初少数の建物で始まり，それほどの規格性を有せずに始まったものが，7世紀初頭の時期に掘立柱建物と竪穴住居の組合せからなる非常に企画された構成を持つものが調査区の最南端に出現し，ほぼ同時期に同じ「条里」方位の企画された方位を有する竪穴住居群が4微高地全域に広がったものと考えられる。微高地全域に規制を受けたと考えられる竪穴住居が広がるのは，人為的な地形の改変が行なわれた可能性が高く，第4微高地南部の整地層の検出は広範囲の地形改良がなされたことを示すものであろう。またこの規制前の溝から，通常，古墳の副葬品として出土するような遺物が廃棄されたような状態で出土している点は興味深い。

　ただ，この「条里」方位の集落配置の規制は，4微高地全域に及ぶものではあるが例外的な方位を示す建物もあることや，その後7世紀後半，真北方向規制による建物群が第1微高地に営まれるなどまだ安定したものではなかったようである。またこの時期の集落は，各微高地上の建物群は等質的なものではなく，第4微高地の南端の建物群では掘立柱建物が中心となるのに対して，第1微高地では竪穴住居群だけの構成である可能性が高い。各建物群の内容に差異が認められ，2極分化が生じているのも第2期以前の集落とは異なる様相である。

　またこの時期の第1微高地には，フイゴの羽口と焼土面を有し，竈を持たない竪穴状遺構があり，小鍛冶の工房跡と考えられる。集落としての機能はほぼ備わったものとすることができよう。

　7世紀後半以降には第1微高地にも竪穴住居を伴わない方形配置の掘立柱建物群が出現し，第2微高地に3間4間総柱の大型建物が営まれる。以後，明確な中断を挟むことなく，室町時代まで継続するようである。

2　自然河川の調査

　調査区内で埋没した自然河川を7条検出した。いずれも上面幅20mほどで，深さは検出面から2〜3m前後の規模のものである。微高地の中央部を斜断する埋没河川内からは弥生時代後期・奈良時代，微高地の西部を流れる埋没河川からは平安時代後期の水田跡を検出した。

　また調査区の東部で検出した自然河川（SXNa 02）からは，多量の遺物を検出した。出土遺物には7世紀代を主体とする土器群の他に円面硯，鉄鏃，穿孔した桃の種子と木製品などがある。なお木製品に関しては類例の欠如などから器種などを特定できないものも含まれるものの，量質的に非常に良好な資料である。下川津遺跡全体では，7世紀代から平安時代にかけての木製品が，建築

表　SXNa 02　出土木器一覧

機　種	点数	機　種	点数
工　具	12	容　器	45
農　具	80	遊戯具	2
紡織具	8	祭祀具	35
武　器	1	雑　具	1
馬　具	2	用途不明品	21
服飾具	9	部材その他	多数

部材や杭などを除いて600点ほどの出土を確認した。SXNa 02からは200点前後を検出し，馬具・服飾具・祭祀具では出土数の半数を割るが，他の機種ではその大半が出土している。農・工具類に優品が多い。

3　犂（カラスキ）について

　出土した犂はヘラ・スキサキ・イサリを一木で造り出した長床式のもので，使用された樹種はヤブツバキである。残存状況は非常に良好で，全長78cm，全高24.7cmを計る。ヘラは進行方向に向かって左側に傾き，墾土を左側に反転にするものである。ヘラ先には鋤先が装置されていたと考えられ，先端から10cmほどまで細身で左右の端部も薄くなっている。ヘラの表面が非常に滑らかなのに対して裏面は成形時の荒い加工痕が残る。

　床（イサリ）は上面中央部がわずかに凹んだ長方形状の断面形を呈し，底面は非常に滑らかで丸味を持ち，上面には成形時の加工痕が残る。床には前後に2穴が穿たれている。ヘラ寄りの柄穴は長方形を呈し，進行方向に向かってわずかに傾き，挿入されるタタリカタがヘラの裏面に接するように穿たれている。後方の柄穴は進行方向とは逆方向に傾き，挿入部材が楔で固定された状況で一部残る。

　犂を裏面から見ると，ヘラの接地部では，墾土の反転側が直線的に床の側面に連なるのに対して，反対側は床の側面の延長線より4.5cmほど張り出し，左右非対称形になっている。墾土の反転による右回転の反動を減ずるためのものと考えられる。

　また各部位は明確に識別できる複数の面で構成されている。側面観は，前述した犂の横転を防ぐ底面の拡張部とヘラの間は抉りを入れ，拡張部は一見厚板状を呈する。また反対側は，床とヘラの境界部は，「凵」状に加工している。こうした各部の加工は実際の使用面においては不要のもので，各部位の必要以上の明確な加工は興味深い。祖形に各部位を組合せて作られたものがあり，この犂はそれをもとに一木で作り上げた可能性もある。

　他の農具として代かき用の馬鍬の側木と考えられるものも一対出土したが，新しい農具類を伴って耕地の開発・耕作が行なわれたことを示す良好な資料であろう。

参考文献

　香川県教育委員会『瀬戸大橋建設に伴う埋蔵文化財調査概報』Ⅶ〜Ⅸ，1986〜88，西村尋文「六，七世紀の下川津遺跡について」香川史学，17，1988

第4微高地南部調査区遠景（南から）

多くの木製品が出土した
香川県下川津遺跡

構　成／藤好史郎
写真提供／香川県教育委員会

昭和60年〜62年にかけて実施された発掘調査で，坂出市下川津遺跡は弥生時代から室町時代に及ぶ大規模な集落跡であることが判明した。居住域が広がる微高地上では，7世紀初頭の方形区画に配置された建物群などを検出し，隣接した埋没河川内からは，弥生〜平安時代にかけての水田跡と7世紀代を中心とする多量の木製品を検出した。

第4微高地南部の
建物群
（7世紀初頭）

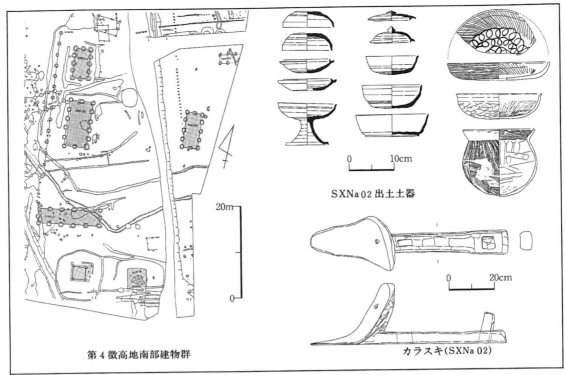

香川県下川津遺跡

第4微高地南部建物群

SXNa02出土土器

カラスキ(SXNa02)

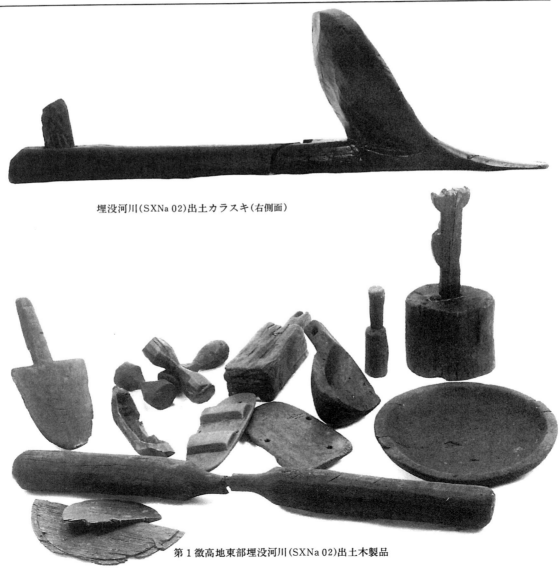

埋没河川(SXNa02)出土カラスキ(右側面)

第1微高地東部埋没河川(SXNa02)出土木製品

調査区全景（西方より）

大仏鋳造関係遺物が出土した

奈良県東大寺大仏殿廻廊西地区

東大寺大仏殿廻廊の西側にある幅約20mの平坦面半分700㎡を対象に発掘調査が行なわれ、鎌倉時代の再建にかかわる整地層や奈良時代の整地層が発見された。遺構には鎌倉時代の鋳鉄遺構があり、おそらく溶解炉の下部施設であろうと考えられる。また約230点出土した木簡群は大仏鋳造時の作業現場に直接関わるものとみられる。

構　成／中井一夫
写真提供／橿原考古学研究所

鋳鉄遺構上面

奈良県東大寺大仏殿廻廊西地区

主□智識

□壹□
右依來數檢□

四竈卅八斤

卅一斤八両二畝

悲田悲□院　充大□
〔回カ〕

波太安万呂

□田邊志我万呂

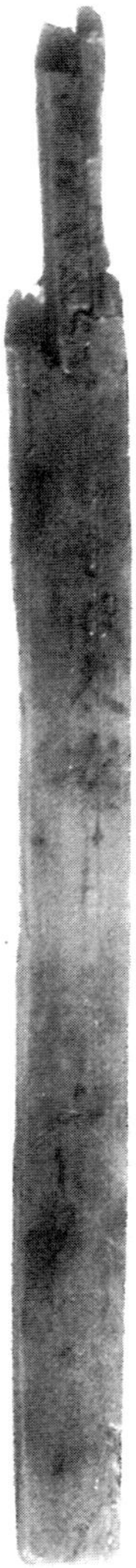

竈鑄□公□□
二□□

卅九斤二畝

●最近の発掘から

大仏鋳造関係品の遺構—奈良県東大寺大仏殿廻廊西地区

中 井 一 夫　橿原考古学研究所

東大寺大仏殿廻廊の西側は幅約20mの平坦面があり，これより西側は落差約1〜3mの急斜面となっている。この様子を西側からながめると，大仏殿・廻廊をのせる巨大な基壇のようにも見える。調査はこれの南端部に近い地点で平坦面の西半分および斜面の裾までにかけて約700m²を対象として行なった。

1　鋳鉄遺構と鋳銅関連遺物

平坦面の調査では，表土下約50cmで鎌倉時代の整地土が表われる。この層は平坦面部のみに存在し（その西端では約1.5mの厚さがある），これより西は現地形と同様のありかたをしている。この整地土西端には，多数の瓦・凝灰岩片が投棄されていたが，その中には奈良時代の瓦も多く含まれており，東大寺式・興福寺式・大安寺式の軒平・丸瓦もみられた。こういった遺物のほとんど出土しないより西側では，後述する鎌倉時代の再建に関わる暗渠からつづく堆積層があり，これが時代を別ける鍵層となっている。

検出した遺構は元禄の再建にかかわる，廻廊内部の水を外に出すための暗渠，鎌倉の再建にかかわる同様の目的をもつ暗渠，鎌倉時代の鋳鉄遺構がある。元禄の暗渠は，現在もその機能が継続しているが，調査部分においてはすでにコンクリート製品に変えられており，その構造を知ることはできなかった。鎌倉時代のものに関しては，使用石材がほとんど抜き取られており，わずかに底石が1枚残っていただけであったが，元禄のものの約1m北側にあった。これの出口（先端）における施設も確認できなかったが，これより続く土層が西側傾面ほぼ全域にみられたことより，暗渠から流れ出た水を処理するための施設はとくになかったようである。これは，より西側に水門の地名が残ることから，この間に池が存在しており，そこへ流し込む形を取っていたと考えればよいであろう。

鋳鉄遺構は，一辺3mの方形のプランを持ち，深さは約1.8mである。これの東辺中央部に約1mの半楕円形の施設がつき，おそらく溶解炉の下部施設と考えられる。方形部は，その最下層約30cmはまったく遺物を含まないが，これの上面で2条の溝のようなものがみられた。大型の鋳銅遺構より検出される同様の遺構と同じものと思われるが，さほど明確な遺存状態ではなかった。

これより上層においては，多数の鋳型片・溶解炉片が検出された。溶解炉片中には，これの上端部と考えられるものもあり，その規模の復元も可能になるのではないかと考えられる。鋳型片の検討からは，直径2m以上，深さ約70cmほどの鍋状の製品が推定できる。またその鋳造にさいしての鋳型のありかたは，上下で3段あり各段が数個の鋳型に分かれているようである。以上の結果と，現在東大寺大湯屋に遺存する「建久三年」銘の入った，鉄湯船の調査報告とは一致点が多い。

平坦面部における土層は，この鎌倉時代の整地土層の下に約50cmの厚さの山土層，その下に約1.5mの厚さの手斧屑を多く含む層，鋳銅関連遺物を含む層と続く。斜面部においては，山土層はなくなり，手斧屑の層が薄く残るだけである。これらの層は東から西に傾斜しており，層がなくなるのは後世の破壊によるものではなく，堆積（人工的なものであるが）層として完結しているためである。鋳銅関連遺物を包含する層もこの層内の観察では東から西への傾斜した層が認められるが，この層の上面は平坦面部下においてはほぼ水平であることから，ひとつの作業の区切りとなったものと思われる。

以上の層序があまりに深すぎるために平坦面下の調査は行なえなかったが，斜面部において，より下層の調査を行なった。鋳銅関連遺物の包含層の調査も大部分はこの地域の調査結果である。これの下層には厚さ約50cmの木簡包含層があり，その堆積状態から見て，谷地形の底に堆積した自然堆積層である。調査区の南3分の2はこの谷の南へ高くなって行く斜面となり，木簡の包含層はなくなる。ここにこういった谷が存在するであろうことはすでに森蘊氏によって指摘されており，今回の調査はこれを実証したことになる。

2　出土した木簡

木簡は約230点出土したが，このうちの主なものを以下に記す。

（1）　卅三斤十二両□二　（使カ）

（2）　卅三斤八両二裁

（3）　白銅砕一裹

（4）　自宮請上吹銅一万一千二百卅二斤
　　　□宮宿□□□丘□足宮□人　□　□百□

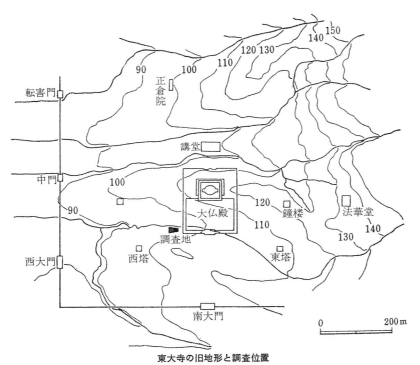

東大寺の旧地形と調査位置

(5) 右四竈卅斤　数□交易

(6) 薬院依仕奉人　大伴部鳥上　入正月□□　肥後國
　　　　　　　　　大伴部稲依　入正月五日
　　菊地郡□養郷人「子カ」

(7) (A面)　銭二百文
　　(B面)　主□智識

　このような内容からこれら木簡群は，大仏鋳造時の作業現場に直接関わるものであることがわかる。(1)のように重量のみを記したものが多く，(3)の「白銅」のように金属名を記さないのは，作業中最も多量であった「銅」であったと考えられる。(2)にみられる二献が何を示すのか，他にも数例みられ，技術史上問題となるであろう。(4)は，上部組織への「上吹銅」の請求書である。「宮」が何にあたるのかは文献学の検討に待ちたい。銅の質が問題となったことは正倉院文書にもみられ，作業現場の切実さがうかがわれる。(5)は「竈」(溶解炉)に番号がつけられており，それも「右」「左」の地区別がなされていたことがわかる。今回検出されたものは「右」のみで「左」が無く作業監督場が，左右に別れていたとも考えられる。(6)は，薬院(施薬院)から派遣された人の身分証明書と考えられるもので，作業現場での人身事故に対する看護人と考えてよいであろう。(7)は，国家事業としてのみの東大寺造営ではなく，「知識」を総集したという記録に一致するものであるが，「智」と「知」の差が何であるのかは筆者にはわからない。

3 大仏の鋳造

　鋳銅関連遺物の包含層から出土した遺物には，銅塊・銅の溶解炉の破片がある。銅塊は大きなものは長さ約30cmほどあるが，これを分析すると，この銅は完全な合金にはなりきっておらず，溶解途中で炉が破壊し，そのままかたまったものと考えられる。銅の分析からは，ヒ素の含有量の多いことから，花崗岩と石灰岩の交わる地域に存在する接触鉱床から産出した銅であることが推定され，またほぼ完全な合金となっている部分での分析値が，大仏のうち奈良時代のままで遺存している部分の分析値に近い値が得られたことから，これらが大仏鋳造に関わるものであることを知り得た。

　大仏鋳造が，どのようにして行なわれたのかは，香取忠彦・石野亨氏らによって文献や技術史的な検討から復元されており，以下その概要を記す。鋳造は下から順に8回に別けておこなわれている。鋳型の外型を固定させるためと，溶解炉から鋳型に銅を流し込むための樋・溶解炉・タタラを鋳型より高い位置におくために周囲に土盛が行なわれる。溶解炉の数は一段ごとに数十基の数が必要であったと考えられる。一段目の作業が終了すると，溶解炉は破壊されて二段目の盛土の下になる。こういった作業をくりかえして，最上段の頭部まで鋳造が完了すると，大仏は大きな土の山の中に埋まっていることになる。この土の山を掘りくずしながら最終的加工をほどこして大仏は完成するのであるが，この掘りくずされた土が，今回検出された鋳銅関係遺物を含む厚い層であろうと考えられる。残土処理と廻廊部の整地作業をかねるという工事全体の計画性がうかがわれる。

　この層の上に存在した手斧屑の層は大仏完成後，大仏殿・廻廊の建築作業によって生じたものであると推定すると，大仏の鋳造時にかかわる木簡・大仏完成時の廃土・大仏完成後の建築作業と，順を追った進行状況を知ることができた。

連載講座
日本旧石器時代史
特別対談・旧石器時代から縄文時代へ(1)

文化庁文化財調査官　北海道大学助教授
岡村道雄・林　謙作

編集部 岡村先生にご執筆いただいておりました連載講座「日本旧石器時代史」が前回で完結し，つぎから林先生の「縄紋時代史」がはじまります。そこで岡村先生の書き残された問題，林先生の読者としての感想，あるいは岡村先生から林先生への註文などといったことを中心にして，お二人に対談をお願いした次第です。

林 長いあいだの連載ごくろうさまでした。2年間3カ月ごとの連載というとかなり大変ですよね。その間に肩書も変わったわけだし，それにそれほど原稿料もいいわけではないし（笑）……。

岡村 ほんと（笑）……。

林 ここで原稿料値上げを要求してもしようがないので（笑），話の中身を大まかにわけて，前期旧石器の問題と最近の旧石器の調査としてはビッグ・ニュースになった仙台市富沢遺跡の問題，このふたつを中心にして，私から岡村さんにいろいろ質問するという形で，後半はナイフ以後，旧石器から縄文へという問題について，最後に「縄紋時代史」について岡村さんから私に註文をつけてもらう，こんな流れにしたらどうかと思うのですがどうですか。

岡村 結構です。お互い独演会にならないように注意しましょう。

林 "お互い"は余計だと思うけど（笑）。ま，それはともかく紋切型すぎる感じだけど，日本の旧石器時代の区分と前期旧石器の定義ということから始めましょうか。

1　前期旧石器の問題

林 ここでは二人とも名前や定義では意見が違うかも知れないけれど，「前期旧石器」と呼ばれる石器をつかっていた時代があって，それを否定

岡村道雄氏

林　謙作氏

しようという意見も，実質的な批判になっていない，せいぜい揚足とりにしかなっていない，という点では意見が一致しているわけだから，時間もないことだし，そういった問題には触れないことにしましょう。そこで，まず「旧石器時代」という呼び方の問題からはじめましょう。

岩宿以前は，縄文文化が日本最古の文化だということになっていた。その事実は動かせないと思います。それに縄文文化というのは日本列島のなかででき上った文化なわけですね。旧石器でも新石器でもない「ジョウモン」といえば，外国人でも何か独得のものだなと理解できる。それと同じ意味で，日本が列島でなく，大陸―アジアとつながっていて人も獣も往来していた，文化もつながっている，そういう時代なんだということを言いあらわす言葉としては「旧石器」という呼び方が一番よいと思うわけです。

その「旧石器」をふたつに分けて，「前期旧石器」と「後期旧石器」を区別しているわけですね。それでは「前期旧石器」とは何だということになる。

岡村 大雑把に後期に対して，それより古いものが前期（笑）。これは世界的な用語として若干問題があるかと思うんですが，ようわからんから芹沢長介先生がいってこられた，そういう一括して

ものをいう言い方で今のところいいと思っているんですが。ただし，画期については，歴史的な意味がわかっている石刃とかナイフ形石器とか土器なんかがいつあらわれるか，そのあたりを基準にした方がいいという気がするんですけどね。

林 岡村さんが書いたなかにも出てくるけれど石器群の変遷の流れ——つまり文化の流れ，結局は人間の流れということになるのかな——が何回か変わっている。そんなときは何か大きな気候の変動だとか，やはり陸橋がつながるとか切れるとか，そういう動きが連動しているはずなわけで，そうすると文化と自然の対比をまったく無視する

というわけにもいかない。本当に人間の歴史というのが独立した歩みをしているのかどうか，それを確認する意味で人間の側にも自然の側にも目くばりをする必要があると思う。

岡村 そうなんですね。だから因果関係の前後といったらよいか，どちらに比重を置くかという問題だと思うんですよ。

林 今どちらに比重を置くべきか，といった方が正確でしょうね。

岡村 そうだと思います。たしかに林さんの言われるのもごもっともで。今までの区分の仕方がヨーロッパで後期の始まりが3万5千とか3万年

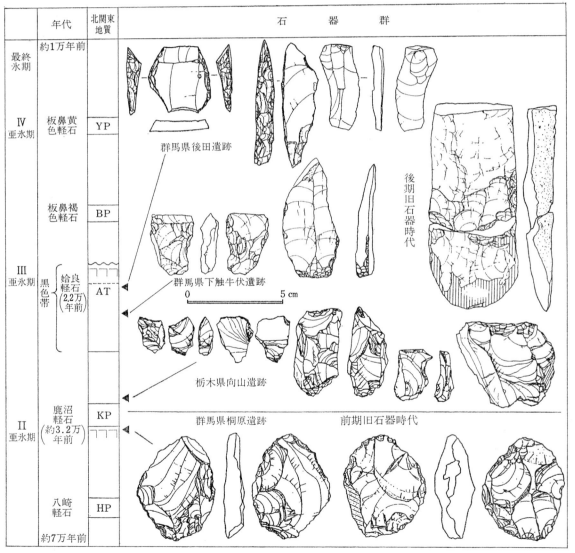

図1　前期と後期旧石器時代の境界（北関東）
前期旧石器時代は円盤形や直方体形の多打面石核から剝離された台形・三角形などの剝片に平坦剝離を施したスクレイパー・尖頭器が主体であったが，後期になると打面を固定して縦長剝片を生産し，台形様石器やナイフ形石器が主要な道具となる。

なんていうと，それと日本の石器をからめて，ぱちっと初めからそこに合わしちゃっているようなところもあるわけですね。私なんか物事を深く考えないし，人に説明しやすいというような都合もあって割合そういう単純な分け方をするし，年齢的にも，もともと単純な頭ですから（笑）。

ですけれど，本来はやはりそこで総合的に，今明らかになっているいろいろなことを考えて，その中で，一番重きを置いてよさそうなもので区分していくという方向に進むべきでしょうね。いろんな人がそれぞれの立場でそういう仕事をしてみてそのうちにその中に盛り込まれる事実がふくらんでくる。その一方でどこらへんでどれだけの範囲の人の意見が一致するかもはっきりしてくる。そういう具合に進むのが理想的なんでしょうね。

　林　名前の話といえば，すこし話があと先になってしまうけど，佐原眞さんが岩宿時代という名前を復活されたわけだけれども，それだったら岩宿時代，大森時代といった方が首尾一貫すると思うんだけど。佐原さん，どうして日和ったのかな。

　岡村　あるいは前期旧石器は座散乱木時代と呼んだ方がずっと楽なんですよね。

　林　うん，よくわかる，よくわかる（笑）。そういう具合に，はじめて見つかった遺跡の名前を使っていけば，日本の歴史の叙述としてはスムーズで抵抗がないと思う。だけど古墳のところは揉めるかな。纒向石塚時代か箸墓時代かで……（笑）。それはともかく旧石器，縄文，弥生と並べると，名称として異質だという感じはするわけですね。

　ただ，岡村さんも書いているけれども，日本列島がこの時期は大陸の一部であった，大陸と結び付いて普遍的な文化の流れの上に乗っていた時期なんだということを強調しようとして，旧石器という名前を使っているということ，それはとても大切なことで，それはわかる。

　岡村　ただ日本列島に住んでいた連中がどれだけ固有の文化を持ちはじめて，その独自性をいかした名称がふさわしいという時期がいつから始まっていたかという問題はあるわけです。これは言ってみれば，「日本人」がいつから現われるのかという問題だ，と言えばいいんですかね。日本列島にやってきた人間がいつから日本人になったのか。今のところ，私もこうだ，という意見はないんですが，そういう問題も含めて考えていかないと駄目でしょうね。だんだん旧石器と呼ぶ人がふ

えてきているという事実はありますけれど……。

　林　そう，「縄文は日本の基層文化」なんていうのは，アマチュア古代学者とか，シンポジウムで「知的昂奮」を売っている人たちにまかしておけばいい。僕らはプロなんだからそのくらいの先読みをしなけりゃ。

　まあ，それはそれとして，旧石器時代の区切りをそろそろしめくくると，とにかく前期，それから後期。細石刃も後期の中に含む。

　岡村　そうですね。ごく一部北と南の中で土器が出てくる細石器の文化があるわけですね。その辺は考えなければいけないんですけどね。多分土器が出てきた以後の細石刃文化とその前の土器を持っていない細石刃文化というのは，どうも別れるんではないかと思うんです。

　したがって，細石刃の新しい時期とほぼ平行してあらわれてくると考えられている有舌尖頭器の時代はもうほとんど土器は知っている。遺跡によって持ってない遺跡もあるかもしれないけれど，知らない集団はいなかったと思うんですね。

　林　土器というものを知らない連中はいなかった。ただその遺跡にはたまたま土器が……。

　岡村　たまたまというよりは，そこでの必要がなかったというようなことで，時代から言うと土器は持っている。そういう時期を過渡期として設定するか，あるいは土器というそれまでと違った道具と新しい形式の細石刃を持っているという意味で，過渡期を一つの時代と設定するかという問題があるにしても，やはり旧石器時代の典型的なところと切り離して考えた方がいいんじゃないかという気がするんですけれども。

　林　僕は草創期というのは認めないという立場で，土器が出てきた，だから縄文だという見方はちょっとできないんじゃないかと思うんだけれども。それはまたあとのお楽しみということにして……。

2　富沢遺跡の投げかける問題

　林　いま仙台市で掘っている富沢遺跡は旧石器といわず第四紀に関心を持っている人だったら，みな感激すると思うんだけど，ちょうど後期旧石器のはじめ，ナイフが姿をあらわした頃の遺跡ですよね。

　岡村　林さんはもう現場には……。

　林　僕は2回行って見たわけだけれども。

岡村　私は1回だけです。じゃあ，林さんから2回分の話をしてください。

林　いや，僕は2回とも楽しんで昂奮して帰ってきただけだから……。

そもそものはじまりは，発掘区の中に大きな木の株があって，そのまわりから杭が出たという騒ぎになって，それで僕も行ってみたわけですけれども，これは結局，杭ではなくて，自然の木の枝だった……。

岡村　幹の柔らかなところは腐ってしまって，幹に捲き込まれて硬くなったところが出てきたということだそうですね。

林　そう，それが幹の両側に残っていたものだから遺構としか見えなかった。

岡村　その株のまわりから遺物が出てきて，細かく見ると2, 3ヵ所に分かれるけれど，大きく見れば1ヵ所と見ることができる。同じ石を使っている石器が多いので接合できるわけですから。

林　粒の粗い黒っぽい頁岩ですね。

岡村　そうですね。その中央に1cmくらいの消し炭のような，触れると少し軟らかい炭粒が1mぐらいの範囲に集中しているんですね。それを取り囲むように石器が出てきて，あるところには敲石と，それからそれで割られた剝片が散らばっていて，それが接合する率も非常に高いしそこで石器の製作をしていたと。そしてその脇には，木が腐って倒れている。

林　さっきの黒っぽい頁岩の剝片や石核のなかに混じって，1点だけまるで色も石質も違うナイフがある。まるで掃き溜めの鶴みたい（笑）。このナイフが小さくて縦長の剝片ではできない底面が残っている——これはちょうど僕が行っていた時居合わせた柳田俊雄君に注意されて気がついたんだけど……。このナイフの特徴から見ても，2万2～3千年というカーボンの年代はよさそうだという気がする。

岡村　そうですね。

林　で，そこから南に23m離れたところで石器が2点出ている。そしてその地点から西に50mほど延長したところで石器がまた10点出ている。石器が出てくるのはみんな高み——といっても顔を横にして見通さないとわからないくらいのものだけど……。で，その間には自然木が倒れこんでいる。

岡村　福島大学の鈴木敬治先生が樹種の鑑定をしたら，グイマツ，アカエゾマツ，チョウセンゴヨウ，それにハンノキ，ヤマハンノキ，ヤナギ，スゲというような樹木が生えていて，その下にスギナモのような水草，それにヨシなど湿地に生える草があった。そういう植生がうんと具体的にわかってきて，今のところ木の根っこといいますか，木の幹が60～70本確認されていて，その間に松葉だとか松笠，木の実，木の葉あるいは水草なんかがギッシリつまっている。そう数は多くないけど昆虫の羽なんかも出てくる。

驚くべきことに，その層の比較的上部，ですから石器とほんとに同じ時期かどうかはちょっと問題があるんですが，シカの……。

林　シカの仲間と言った方がいいでしょうね。

岡村　そうですね。シカの仲間の動物の糞が出てきた。このあいだ聞いたら全部で7ヵ所になったそうですが，ポロポロ列になって出てくるところと，固まっているところがある。草食の獣は歩きながらもウンチをするから，その時は列になってポロポロ……（笑）。そしてゆっくり落ちついてボロボロボロ（笑）。そんな時は100個近く落すん

図2　富沢遺跡の林のはずれに残された焚火と石器製作の跡
（上部中央が焚火，その周辺半径2.5mの範囲に55点の石器）

図3　仙台市富沢遺跡の約2万3千年前の林
（仙台市教育委員会提供，図2とも）

だそうですが。

林 石器が出てくるのは泥炭層で覆われた下のシルトっぽい，粘土っぽいシルト層の上面に乗っていて，その上に泥炭質の粘土が被っている。その石器より 30cm ぐらい下に，また泥炭っぽい層，黒っぽい層がありますね。この層から石器が出てくるかどうか，まだわからないようですが。

岡村 そうですね。だからシルトが堆積して水につかり，またシルトが堆積して，少し水っぽいところに木が生える。そういう場所に生えている木ですから，針葉樹としても根が横に張るような，枝根がどんどん下に伸びていかない，少し水気の多いところに生える木の根の特徴を持っていますね。

そこがもう少し水っぽくなって人が住めなくなる。その後に水草だとかハンノキ，そういう植生が少しあってその上をどどっとシルトや粘土が覆うというふうな，そういうことの繰り返しのようですね。こういう遺跡の調査の意義は，林さんはどんなふうにまとめられているんですか。

林 そうですね。あの現場を見ていて，石器の出てくる面や泥炭層を覆っている凝灰岩の風化した泥流の層が 1m 20〜30cm ありましたかね。あれが一番印象的だったんですよね。

富沢のあの遺跡の近くに，凝灰岩の崖が――たぶん海岸にそって 延びて いたんだと 思い ますが――海水面がまた上ってきた，つまり気候が暖かくなってきたとき，ものすごい規模で削られて姿を消した。現場の断面をよく見ると，凝灰岩の岩の塊がそのまま入っているところもあるし，水で流されたようにきれいな粒わけになっていない，ガサっと崩れてドッと溜ったという状態がよくわかるんです。あの泥炭層の年代が大体2万2〜3千年というところだそうですね。測定値にどれだけ幅があるのか聞いていないけど。

2万2〜3千年というと，海面が一番低くなるちょっと前――最近では1万8千年くらい前に低い方のピークがあるという意見も出ているから。だけど海面が低かったには違いない。だからいまの仙台の 西側に 広がっ ている台地くらいの 高さ――50mから80mというところでしょうか――のところに崖が延びていてその裾の森林――多分あちこちに湿地があったんでしょう――のなかで狩

りをした連中のほんの1日かそこらの行動の痕跡がたまたまひっかかった。そのあともやがて湿地のなかに埋もれてしまう。そして正確にはいつかわからないけど，7〜8千年よりは前にその崖が侵蝕されて姿を消してしまう。そして現在の仙台平野の地形が出来はじめる。そんな光景が浮んでくるんですね。あの断面を見ていると……。

岡村 なるほど，そういう地形発達史のなかで富沢という遺跡を見ておられるわけですね。今，林さんが言われたような問題が今日の発掘で一番大事だと思うんですね。ある遺跡の部分を，ある原因の元で掘っているんですね。広い目でもってその地域の地形の発達とか，古環境なんかを考えながら，一つ一つの遺跡を掘って位置づけるというような調査が余りなされていない。たとえば，ひとつの遺跡を掘るにしても，その遺跡の1枚の層がどういうふうに形成されて，そして基本層序がこうなっているところに侵蝕がどう働いて，その過程で人間がどういうふうに生活しているのかという捉え方は非常に弱いんですね。

富沢遺跡は水田遺跡として，東北地方にも弥生の初めから水田があったんだ，ということを明らかにした遺跡のひとつでもあったわけですね。仙台市はあそこを非常に長い時間をかけて，80ヘクタールぐらいですか，相当広い面積を今まで富沢遺跡というふうに一括して考えて，そこをさっき林さんが言われたような大きな目でもって，現代の水田からさかのぼる形でもって，その地域史を捉えようとしてきた。地域のなかで文化財を考えようという視点が明確にあった。それが今回の発見につながったんだというふうな，そういう評価の一面もあると思うんですよね。

林 その通りですね。地域の歴史を自分たちの目と手でとことんまで確かめようという姿勢があったから，今度のような発見につながった。そしてその結果，これまで資料が少なかった宮城県の後期旧石器の初期の資料を追加した。それどころではなく，低湿地のなかの旧石器時代の遺跡というもの――兵庫県の板井遺跡なんかはその前ぶれだったわけですが――をわたしたちの目の前に示してくれた，この意味は実に大きいと思います。

（続く）

91

書評

潮見 浩著

図解 技術の考古学

有斐閣
四六判 155 頁
1,200 円

　本書は著者が大学で考古学実習の前段階として，種々の資料の属性を学生諸君に理解させるための解説として企図されたものであり，さらにわが国の在来技術の出発点としての原始・古代の技術の様相の再評価をも意図して著述されたものである（「あとがき」より）。主に種々の資料の製作の時点に焦点をあてて，技法を中心にして記述されている。内容は多方面に及んでいる。

　Ⅰ～Ⅸと付からなっている。Ⅰ石器，Ⅱ焼物，Ⅲ骨角器・貝製品，Ⅳ木器・木製品，Ⅴ金属器，Ⅵガラス，Ⅶ塩，Ⅷ編物・織物，Ⅸ顔料・漆その他，付考古学の年代決定という構成である。きわめて広範囲な問題が扱われている。きれいなイラストも豊富で理解を助けるのに役立っている。しかも，実測図だけでなく，製作工程の復原図・使用している状態の推定図・種々の模式図などを含んでおり，ヴィヴィッドに製作の過程がイメージできる図もかなりある。

　考古学の資料は自らは決して口をきかない。いかにして語らせるかが考古学の手法ということができよう。遺跡から出土した生の資料を具体的にものがいえる資料にしていくかにある。その第一歩は資料の詳細な観察にある。原料採取に始まり，種々の技術を使っての製作，さらに使用の段階を経て，廃棄によって終わる資料の経た過程をそれぞれの時点で資料に付与される属性からたどることにあろう。そうした過程をたどるなかで，資料がもっとも雄弁になるのは製作に関することである。したがってこれまでの考古学資料の研究は製作の時点が中心になっている。本書もこうした研究の流れのなかで記述されている。Ⅰ～Ⅸまでのなかで，主体となっているのは，石器・焼物・金属器である。これに全体のほぼ半分の分量があてられている。実際の考古学の資料の種々の状況からいって，当然であろう。

　それぞれの章は具体例をひきつつ平易に解説するという形をとっている。たとえば石器の項では，石刃技法・瀬戸内技法・細石刃技法・鈴桶技法が打製石器の技法の例としてとりあげられ，ほかに打製石斧・磨製石器・穿孔・磨製石包丁・硬玉製大珠・滑石製石鍋・石棺の製作にかかわる各種の問題が述べられている。

　焼物では土器類の製作工程，縄文土器の特徴，弥生土器の特徴，土師器・土師質土器の特徴，瓦器の特徴，須恵器・須恵質土器，緑釉・多彩陶器，灰釉陶器，瓦などの項がある。

　金属器の章は青銅，鉄，金・銀，水銀・鍍金・鍍銀に分かれ，青銅のなかでは鋳金技法，鍛金技法，彫金技法が，鉄のなかでは鍛造，鋳造などが鉱石の問題からはじまり解説されている。

　他の章もわが国の考古資料を中心にしながら具体例をひきつつ述べられている。解説はやさしく，豊富な，質の高いイラストもあり，それぞれの製作の工程を一般市民でもかなりよく理解することができると思われる。

　付として考古学の年代決定がつけられている。いかにして考古学では年代の決定をしているのかという問題で，実年代を知る方法について述べられている。金石・文献による方法と理化学的手法による方法に分けられ，それぞれの方法の原理，具体例が列挙されている。考古学には時間の物差としての年代の問題は最重要であるので，付として入れたのであろうが，やや本書の主題とは馴染まないとも感じる部分である。これに各章ごとに分けられた参考文献がつく。

　技術を主題にした考古学関係の本で定評のあるのは，わが国では小林行雄氏による『古代の技術』・『続古代の技術』であり，西欧世界では，H. Hodges の "Artifacts—an Introduction to Early Materials and Technology—" であろう。両者とも種々の問題が深く掘りさげられており，手軽に読めるかというとかならずしもそうでもない。その点本書は平易に書かれており，入門書としてふさわしいものである。さらに深めようとする場合には，巻末の参考文献を参照して掘り下げることができる。

　欲をいえば，製作の時点だけでなく，使用の時点にも配慮した記述がほしいところである。使用によっても多くの属性が資料に付与されることは明らかになってきつつある。これまでの考古学の資料の研究は製作の時点にその資料につけられた属性に偏りすぎているきらいがある。また実際にどのように使われたのかという使用の技術の問題も出てこよう。確かに使用の時点の技術にアプローチするのは多くの困難が伴おう。しかし，それなしには生活の復元はきわめて難しい。今後どうしても切り開く必要のある分野である。現状における使用の時点の研究の問題点の摘出でもなされていればと思われる。

　これから考古学・古代史を学ぼうとしている学生だけでなく，一般市民にとっても技術の分野に入門する最適な本ということができよう。（藤本　強）

書評

中村 浩著
古墳文化の風景
雄山閣出版
四六判 246 頁
1,800 円

著者は長年にわたる大阪府陶邑窯跡の調査と，それにもとづいた古代窯業史の研究者として著名であり，その方面の著作もいくつか発表されている。このほど発刊された本書はこれまでの専門書とおもむきを変えて，著者が生まれ育った河内の古墳や歴史的風土に読者をさそい，語りかけて散策の友としての役割をはたそうとする一般人向けの歴史的ガイドブックといえよう。

内容構成は第Ⅰ部古墳文化の風景，第Ⅱ部文化の風土と風景，第Ⅲ部器の風景の三部から成る。

第Ⅰ部では応神陵古墳，野中古墳，御旅山古墳，王陵の谷（推古天皇陵・聖徳太子墓・敏達天皇陵など），玉手山横穴墓，高井田横穴墓，仁徳陵古墳，履中陵古墳，黄金塚古墳，弁天山古墳群，阿武山古墳などが研究史から最新の考古学的成果にいたるまで目くばりされ，さらに記紀の伝承などもおりこみながら，読者を飽かせず誘ってくれる。また必要に応じてはポイントとなる簡潔にして要を得た解説コラムが挿入されている。そして改めてとりあげられた遺跡をみると，河内という地域になんと日本古墳文化の研究に重要な位置を占める古墳が多くあることかとおどろかされることになる。

第Ⅱ部はさらに視野を広げて，河内古代文化の舞台となった風土と人間との歴史的かかわりをとりあげている。金剛山，葛城山，二上山，生駒山，大和川，石川の項目をたてて歴史と文学が語られる。楠木正成，役行者，二上山の石器材料のこと，社寺，街道など，まさに歴史的風土の風景にふさわしい内容が，古今の歴史を往復し，折々の歌を配して歴史と文学の境地へとさそいこんでくれる。この種の著作には自身の専門分野のみならず，古今の歴史・地誌・文学・伝承などの幅広い知識の収集が要求されるところであるが，著者はこれらをみごとに集約し，適宜に必要な知識を配して，かた寄らず，ふか追いせず，しかも最新の研究成果をもとり入れて読者に正確な知識を与えてくれる。第Ⅰ部とともに著者自身が育った風土であり，若い頃から郷土の歴史に親しみ踏査した体験にうら打ちされたところから

生み出される内容といえよう。その意味では著者自身の感受性もまた河内という風土の産物ともいえるところであり，まさに適材適所の感をふかくする。

第Ⅲ部は著者が最も本領とする古代窯業史の研究余滴である。これまで著者には『和泉陶邑窯の研究―須恵器生産の基礎的考察―』（1981），『古代窯業史の研究』（1985）の二著がある。これらの専著の生まれる研究過程あるいはその成果をふまえて語られる須恵器とその生産遺跡（窯跡），それらにかかわる諸問題（古代の食事，氏族，運送，古墳，地名など）で構成されている。第Ⅰ・Ⅱ部とはかなり趣きを異にする内容であり，一段と学術色の濃い内容が学術的エッセイ風な語り口で綴られている。この方面の研究者にとっても見すごせない内容のものが多多あるが，しかし一方では著者自身も"あとがき"で述懐しているように，一般読者にとってはややむずかしいという欠点もみられる。

本書に収められた三部構成のそれぞれは，もと地元誌『泉北コミュニティ』『金剛コミュニティ』に連載されたものを今般改稿して一書となしたものである。原題は「泉北丘陵の先住者達」，「河内文化をたずねて」，「器の歴史」である。元来地元の人々に郷土の歴史を紹介しようという主旨で始められたもののようであるが，本書の内容をみればその主旨はほぼ満足されたであろうと推察される。各地で地元の人々に郷土の今昔を語るこころみがなされているが，それらのなかでも高度な広い背景をもった部類に属するものといえよう。また内容によっては著者自身の考説が述べられているところもあって，単なる通説の祖述に終っていない点も見のがせない。欲をいえば，河内を知らない読者のために遺跡付近の地図など分載してもらえば，本書をたずさえて現地を訪ねる伴侶として申し分なかったであろうと思われる（本書の分量などで実現しにくい点ではあろうが）。

河内という地域は古墳時代から古代を通じて，考古学・古代史上重要な地位を占めている。著者はこの地を研究フィールドとする恵まれた環境のなかにある。身辺の随所に研究テーマが待っている情況である。今後窯業史のみならず，本書にみられるような広い視野に立って新しい研究分野を開拓されるならば，本書はその序説的意味をもつこととなろう。さらに著者の今後の発展を期待したい。

（小田富士雄）

論文展望

選定委員（敬称略・五十音順）
石野博信
岩崎卓也
坂詰秀一
永峯光一

佐藤宏之

台形様石器研究序論

考古学雑誌　73 巻 3 号
p. 1〜p. 37

　台形様石器は，後期旧石器時代前半期を特徴づける石器であるが，最近，調査・研究例が著るしい。台形様石器の素材剝片剝離技術（＝横長・幅広剝片剝離技術）は，前代の斜軸尖頭器石器群（＝中期旧石器時代）のそれと技術的系統関係を有する伝統的技術であり，当該期においては，ナイフ形石器の素材剝片剝離技術たる新出の石刃・縦長剝片剝離技術と二極構造を成している。この剝片剝離技術の二極構造は，後期旧石器時代を通じて基盤的存在であり，いわば縦断的性格を有するのに対し，調整剝離技術は，時間の経過とともに台形様石器をナイフ形石器の調整技術中に取り込む高い親和性を持った横断的性格を有している。この台形様石器のナイフ形石器への融合化は，立川ローム層第II黒色帯上半部，後田遺跡段階で行なわれており，ナイフ形石器を中心とする後期旧石器時代の石器製作技術上の体系的完成と考えられる。したがって，台形様石器の時期を中期旧石器時代から後期旧石器時代にかけての過渡期様相を示すものと把握したい。一方，関東地方には台形様石器の型式分類から見た3つの地域性（下総，武蔵野，北関東）がある。また，遺跡の構造には素材剝片剝離技術の発現の差から3つの類型があり，これらは主に石器製作の工程別異所製作（staging strategy）による石器・石材の調達の遺跡間相違に基づくものと考えられる。この背景には，一定程度の交換体系（exchange system）の確立が考えられ，それを支える人口と社会組織を有する地域社会が想定される。すでに，「後期旧石器」的社会が出現していたのであろう。

　現在の旧石器時代研究は，技術論偏重であり，先史社会への社会経済的接近は極めて貧弱である。本論では，技術論を背景としながら技術論の本質と限界を明らかにし，総合的な先史社会像構築のための方法的展開を試みた。

（佐藤宏之）

大村　直

堅穴住居に住む人々

考古学研究　34 巻 4 号
p. 33〜p. 49

　本稿では，住居跡の規模・規模構成を視点とし，集団の集合と分割，その結合原理を問題とした。従来集落論が設定した各単位のなかで一住居は「世帯」として普遍化されてきた。しかし住居跡の平均規模・規模分布は各時期各地域同一ではない。今回対象とした関東地方でもとくに縄文時代晩期以降大きく変動するのである。規模を含む住居間の個性を機能差において説明することも一つの解釈ではあるが，住居規模などによって出土土器器種構成が左右されることはない。また住居跡規模と甕形土器の容量には対応する変化を認めることが可能であり，住居規模は消費規模，居住人数を明確に反映する。また一集落を単位とした平均規模・規模分布は，一地域同時期においてはきわめて近似した数値を示すのであり，住居規模の決定が偶発的な結果ではないことは明らかである。したがってその構成，変遷過程を問題とすることにより集団紐帯の変化，またその弛緩と緊密化を検討することが可能であると考える。関東地方では弥生時代初期の大型化以降，小型住居群の形成，主体化にみられるように集団単位の分割化を指向する。これは農耕社会形成期の血縁原理に基づく緊密な親族組織が，夫婦関係を軸とした家族的結合の相対的な安定化によって弛緩していく過程を示していると考えられる。このうち弥生時代における集団の緊密化と分割は，方形周溝墓における列構成とその解体にみることができる。また本稿では触れてはいないが，夫婦関係の安定化は，方形周溝墓・古墳における男女並列埋葬の成立，埋葬の複数化と，住居規模の相関関係を，各地域を対象として問題とすることにより実証可能であると考えている。しかしそれもイエの萌芽にすぎず，そこに家父長原理をみることはできない。

　活発な古代家族論，女性史研究を横目で見つつ，まずは半歩が本稿である。　　　　（大村　直）

高橋克壽

器財埴輪の編年と古墳祭祀

史林　71 巻 2 号
p. 69〜p. 104

　器財埴輪は古墳時代前期に古墳の墳頂に出現した，家形埴輪と並ぶ重要な形象埴輪であり，その樹立の意義や消長を考えることは古墳祭祀の解明につながる。本論ではそのための基礎作業として，製作技法を重視した器財埴輪の型式分類と編年を最初に行なった。対象としたのは靫形埴輪，盾形埴輪，甲冑形埴輪，蓋形埴輪の4種で主に畿内の資料を用いた。

　靫形埴輪は，その形態から大きく1類と2類にわけ，1類には3段階の型式変化を認め，また，これまで関東地方特有とされてきた奴凧形の2類については畿内にも

類例の存することを示した。盾形埴輪は，木製の盾を模した1類と革製の盾を模した2類とに二分でき，しかも両者が先後関係にあることを指摘した。甲冑形埴輪は，短甲と草摺をかたどった1類，冑を含む武具一式をかたどった2類，そして短甲のみを表わした3類に大別され，1類は短甲と草摺の分離成形から一連成形へと型式変化することも明らかにした。蓋形埴輪は，傘部の形状と肋木の有無から1類から3類にわけ，そのうち1類には二型式を認め，3類については笠形木製品との関連を説いた。

以上の検討をもとに，次に，古墳における各型式のセット関係から器財埴輪の5期編年を提唱し，さらにこの変遷観を配列の変化やその他の埴輪の消長などと併せて総合的に考察した。その結果，器財埴輪は本来墳頂の聖域を守護することを目的として4世紀後半に登場したものであり，以降製作技法の能率化，簡略化を進めながら装飾的側面を増し5世紀前半にその盛期を迎える。そして，人物埴輪や動物埴輪の出現，発達とは対照的に，5世紀後半から見せるこれら墳頂の器財埴輪の衰退は，横穴式石室の導入や副葬品の品目の変化などからうかがわれる新たな葬送観念の浸透によって当初の意義が失われ変質を迫られたためであると考えられた。今後は各地での展開過程を詳細に後付けていく必要がある。　　　（高橋克壽）

柏瀬和彦

山上多重塔の基礎的研究

群馬県史研究　27 号
p. 1〜p. 37

群馬県内にある古代の古碑として，上野三碑（山ノ上碑・金井沢碑・多胡碑）は多くの人に知られている。もう1つ古代の金石文として「延暦廿年」（801 年）の銘をもつ，通称山上多重塔（勢多郡新里村所在）の存在はあまり知られ

ていない。多重塔は全高 173 cm で，相輪・屋蓋・塔身・礎石の4つの部分が別石でつくられ，塔身は三層塔を意識し軒を突出させている。塔身には4面に上から4文字・3文字・4文字ずつ計45字が刻まれている。多重塔については，千々和實氏の研究があるが，小論はそれを踏まえ，基礎的な再検討を試みた。

まず塔の形態の問題では塔の実測図を作成し形態上の特徴をとらえた。今まで屋蓋は後補とされていたが，塔身と一連のものとして製作されたものと思われる。そして古代の塔との比較により，形式上平安時代初期のものと判断できる。銘文の問題では文字の形態・意味を考えるうえで銘文の実測図を作成した。銘文は横書きで右から左へ刻まれており，文字の形態から「延暦廿年」前後の時代より後世に彫られたと考えられる文字はないと思われる。また語句は奈良時代の経典の奥跋や仏像銘に類例があり，「延暦廿年」の造立と矛盾する用字法は存在しない。銘文は，小師道輪が塔の造立に関与し，延暦20年7月17日に朝廷・神祇・父母・生あるものすべてのため，如法経を安置し民衆救済を願ったことが記されている。

本資料は延暦20年に造立されたのは間違いなく，重要な歴史資料としてとらえることが可能である。しかもこの種類の石造物は類例がなく，塔身の穴と銘文の「如法経坐」から如法経塔としてとらえることができる。平安時代初期に東国へ訪れて活躍した最澄との関わりも考えられ，地方の特殊の遺物のみでは解決できない資料であろう。　　　（柏瀬和彦）

太田三喜

中世末期における居館の様相

天理大学学報　157 号
p. 285〜p. 302

近年，開発に伴う発掘調査の増加により，中世遺跡の研究も頻繁

に行なわれるようになった。中でも城館跡の調査は，中世社会を復元する上で重要であり，一乗谷朝倉遺跡や大内氏館跡などは好資料を提供してくれる。大和では城館の様相を明らかにした遺跡は少なく，その究明が待たれるところであるが，この小稿はその一例として，奈良県天理市所在の豊田氏居館跡の調査成果と，中世過渡期における居館の様相および築城法を紹介したものである。

中世の豪族の居館は，周囲に巡らした濠の内側に居住空間をもち，その平面形が方形であることから一般に方形館と呼ばれている。立地としては背後を崖や台地丘陵で防禦し，川や池を濠とするのが特色である。中世後半になると方形館は城としての機能をもつ一方，天険を利用して出現する山城（詰の城）と一体化する。豊田氏の居館もそういった歴史の推移の中で成長したものである。

ところで，文献に登場する豊田山城は詰の城であり，麓の調査で検出した掘立柱建物群を，立地条件や出土遺物から考えて豊田氏の居館と推定した。建物は4棟以上あり，周囲は，濠や自然の地形によって外敵からの侵攻を防禦する構造になっており，山城と一体化した集団城郭の構えをなしている。また，濠は二条あり，河川をせき止めた灌漑用水路でもあった。この二つの濠には出土遺物からみて時期差があり，二重に築いた理由を，『大乗院寺社雑事記』の明応7（1498）年・8年の記事から読み取ることができる。

最後に居館の規模を推定した。その大きさは，濠を含めると東西120 m，南北220 m を測る。これは，中世の方形館と比較した場合，関東では一町四方が標準で最有力のものは二町四方，中小の土豪層は半町四方がおよその目安になるといわれることから，関東の最有力者の居館に匹敵する程のプランであったことが窺える。

（太田三喜）

●報告書・会誌新刊一覧●

編集部編

◆**東北考古学論攷** 大竹憲治著 纂修堂刊 1988年3月 A5判 322頁

福島県いわき市在住の著者の論文集。一時代に偏ることなく縄文〜歴史時代の考古学資料を扱った論文26篇を載せる。縄文では骨角器、弥生で土器、古墳・歴史で祭祀に関するものが主体をなす。

◆**無頭川遺跡** 北海道富良野市教育委員会刊 1988年1月 B5判 362頁

北海道中央部の石狩川水系の支流の空知川に注ぐ無頭川の両岸に位置する遺跡。ピット・溝などが検出されており、4基からの焼骨の出土からピットの大部分は墳墓と推定される。縄文後・晩期を中心に中期から続縄文時代にかけての土器・石器が出土している。

◆**田面木平遺跡（1）** 青森県八戸市教育委員会刊 1988年3月 B5判 562頁

縄文〜奈良時代の複合遺跡。縄文中期末から後期末葉にかけての集落が検出され、弥生時代の住居跡1軒と古墳時代の住居跡1軒、奈良時代の住居跡14軒が検出され多量の土器が出土している。

◆**大梁川・小梁川遺跡** 宮城県教育委員会刊 1988年3月 B5判 924頁

宮城県の南西端の白石川上流域に位置する遺跡。大梁川遺跡は縄文時代中期〜後期の住居跡・遺物包含層が検出され、土器などの豊富な遺物が出土している。小梁川遺跡は石器の報告である。

◆**関城町史** 別冊資料集—関城町の遺跡 茨城県関城町史編纂室刊 1988年3月 A5判 250頁

町内100ヵ所に及ぶ分布調査の報告。壁画のある方墳・船玉古墳や上野古墳の報告を含む。

◆**新保遺跡II** 群馬県教育委員会刊 1988年3月 A4判 本文522頁 図版213頁

榛名山東南麓の低平湿潤地に位置する弥生〜古墳時代の遺跡。弥生〜古墳時代前期にかけての集落、古墳時代後期の水田、弥生後期〜古墳時代前期にかけての周溝墓があり、遺物は大量の土器・石器・木製品が出土している。

◆**増上寺子院群—光学院・貞松院跡、源興院跡** 東京都港区教育委員会刊 1988年3月 A4判 672頁

港区芝公園1丁目の増上寺子院群中の光学院・貞松院、源興院に関する報告である。寺院跡・墓地それらに伴う建物礎石、井戸・給排水施設、墓などの遺構、遺物としては日常生活用具、寺院・墓に関連するもの、食物遺体、中世以前のものが多数出土している。近世の墓制、出土六道銭、宝永火山灰などに関する考察を載せる。

◆**旧芝離宮庭園** 旧芝離宮庭園調査団刊 1988年3月 A4判 531頁

東京都港区の芝浦海浜部の近世埋立地の旧芝離宮庭園地内の調査報告。江戸時代の石垣・木樋・瓦敷・排水施設・支柱列などが検出され、遺物は金属製品・陶磁器・下駄・札・漆器などの木製品・瓦を中心として膨大な量に上る。当地区一帯での家臣級の武士の居住を示すものとされている。

◆**宮久保遺跡II** 神奈川県立埋蔵文化財センター刊 1988年3月 B5判 439頁

座間丘陵の南端に位置する遺跡の古代末期〜近世の報告。各時代とも遺構は掘立柱建物址・柵列・井戸址などが検出され、中世の遺物は輸入陶磁器、常滑・渥美・猿投などの陶器、近世では18世紀代を中心とする肥前磁器、瀬戸・美濃陶器が多量に出土している。

◆**寺本廃寺—第1・2・3次発掘調査報告書** 春日井町教育委員会刊 1988年3月 B5判 152頁

山梨県甲府盆地の東部、笛吹川右岸の微高地に位置する寺院跡。三次にわたる発掘調査により、金堂・塔・講堂・僧房・回廊・門・築地跡などが検出され、法起寺式伽藍配置が想定されている。塔心礎の形態や出土した瓦などから、白鳳期の創建とされる。

◆**半田山古墳群—IV中支群** 浜松市教育委員会刊 1988年2月 B5判 208頁

静岡県の西部、天竜川の右岸の三方原台地に位置する総数約300基の古墳群のうち、41基の支群の報告で、須恵器・武器・馬具・装身具が出土している。調査の成果を踏まえ古墳の群構成の区分を再考し、形成時期の相異より遠江地方の群集墳を分類している。

◆**井田川茶臼山古墳** 三重県教育委員会刊 1988年3月 A4判 114頁

県北部の亀山市に位置する昭和47年に調査した古墳の報告。横穴式石室から画文帯神獣鏡2面、冠、馬具、器台5個を含む多数の須恵器、武器などが出土している。

◆**物集女車塚** 向日市教育委員会刊 1988年3月 B5判 本文編416頁 図版編89頁

京都府向日市北部の段丘上に位置する前方後円墳。組合せ式家形石棺を内蔵する横穴式石室を主体部とする。遺物は装身具・武器・馬具・土器・埴輪など豊富である。石材の分析・須恵器の胎土分析・被葬者の文献的考察を載せる。

◆**和歌山県高野山遍昭尊院—旧弘前藩主津軽家墓所石塔修復調査報告** 準別格本山遍昭尊院刊 1988年3月 B5判 198頁

和歌山県の高野山に位置する津軽家墓所の修復報告。対象とされた石塔は18基を数え、五輪塔・窒髪塔などを含む。遺物は骨蔵器としての陶磁器と副葬品としての土師質土器、鉄・銅製品などがある。

◆**牛頸窯跡群I** 福岡県教育委員会刊 1988年3月 B5判 332頁

福岡県の西部、大野城市の牛頸

川の流域を中心として 4×5km の範囲に数百基が分布する窯跡群であり，このうち 201 基が調査されている。本書は牛頸川支群の29基の報告であり，奈良時代のものである。

◆草野貝塚　鹿児島市教育委員会刊　1988年3月　B5判　322頁
　薩摩半島の中央部の中小の河川が流れる台地上の縄文時代後期の貝塚である。土器・石器・軽石加工品などの遺物を始めとして，利器や装飾品としての貝器が多数検出されている。あわせて周辺の台地上の調査によって縄文時代の土坑43基が検出されている。

◆北方文化研究　第19号　北海道大学・北方文化研究施設（札幌市北区北10条西7丁目）1988年2月　B5判　111頁
沙流川流域アイヌの文化人類学的情報に関するデータベース
……………………煎本　孝

◆紀要　Ⅷ　岩手県埋蔵文化財センター（岩手県紫波郡都南村大字下飯岡第11地割字高屋敷185）1988年3月　B5判　76頁
日本考古学における層位論研究の特質………………佐藤嘉広
岩手県内出土の石製円盤・土製円盤について………佐々木嘉直
岩手県における弥生時代の住居址
……………………小野田哲憲

◆研究紀要　第3号　秋田県埋蔵文化財センター（秋田県仙北郡仙北町払田字牛嶋20）1988年3月　B5判　63頁
秋田県の古代製鉄炉……熊谷太郎
古代国家の辺境地支配と柵・柵戸・郡について………横山伸司
内村遺跡出土土器と住居群の変遷
……………………小林　克

◆栃木県考古学会誌　第9集　栃木県考古学会（栃木県宇都宮市睦町2−2）1988年3月　B5判　106頁
所謂土製円盤の用途について
……………………海老原郁雄
栃木県南部の古墳時代後期の首長墓の動向…秋元陽光・大橋泰夫
野州・横穴墓瞥見………上野恵司
宇都宮市針ヶ谷町石川坪遺跡発見

の石冠…………………渡辺邦夫
河内郡上三川町出土の古式土師器
……………………野沢　渉

◆研究紀要　第5号　群馬県埋蔵文化財調査事業団（群馬県勢多郡北橘村下箱田784−2）1988年3月　B5判　109頁
遺跡の動態と集団関係
……………………鬼形芳夫
撚糸紋土器文化における石器群の一様相……石坂　茂・岩崎泰一
堂山古墳出土の頭椎大刀
……………………徳江秀夫
群馬県における古墳の終末
……………………三浦茂三郎
奈良時代の須恵器について
………………中沢　悟・飯田陽一

◆研究紀要　第10号　埼玉県立歴史資料館（埼玉県比企郡嵐山町菅谷757）1988年3月　B5判　155頁
舟山遺跡出土土器について
……………………谷井　彪
高麗郡の郡寺と氏寺……酒井清治
埼玉県出土の中世備蓄銭について
……………………栗原文蔵
中世石造遺物調査（3）
………栗山欣也・中島　宏・
　　　　　　　　　酒井清治
埼玉の図像板石塔婆について
……………………今井　宏

◆国立歴史民俗博物館研究報告
第16集　国立歴史民俗博物館（佐倉市城内町117）1988年3月　B5判　300頁
北東日本海域における中世窯業の成立……………吉岡康暢
考古学資料学術データ生成に関する試行研究−縄文時代土偶をもとにして………八重樫智子ほか
土偶データ作成試験の経過と課題
……………………植木　弘

◆立正史学　第63号　立正大学史学会（東京都品川区大崎4−2−16　立正大学史学研究室内）1988年3月　A5判　94頁
東国T字形石室考………池上　悟

◆法政考古学　第13集　法政考古学会（東京都千代田区富士見2−17−1　法政大学考古学研究室内）1988年3月　B5判　114頁
縄文人のきき手と二分原理

……………………阿部朝衛
前期弥生文化の伝播に関する覚え書き（1）…………高梨　修
律令体制下における多摩ニュータウン地域内の集落形成過程
……………………宮崎伸一
後期古墳時代社会における鉄器所有形態の再検討………飯塚武司
浦尻貝塚群の縄文土器（1）
……………………石川隆司

◆古代　第85号　早稲田大学考古学会（東京都新宿区西早稲田1−6−1　早稲田大学考古学研究室内）1988年3月　A5判　151頁
仙台湾周辺の縄文時代後期後葉から晩期初頭にかけての編年動向
……………………高柳圭一
縄文時代の生産用骨角器の在り方にみられる一般性……忍澤成視
宮ノ台期における環濠の機能について（予察）…………井上洋一
東国における富豪層の様相
……………………武井　勝
東北縄文中・後期編年の諸問題−その1…………柳澤清一
セビリアンの期限と系統について（上）…………高橋龍三郎

◆青山考古　第6号　青山考古学会（東京都渋谷区渋谷4−4−25　青山大学史学科田村研究室内）1988年4月　B5判　178頁
炉址小考………………合田芳正
『出雲国風土記』所載の林臣について………………内田律雄
秦野盆地における古代集落の様相
……………………大上周三
北海道・南千島の有角石斧について………………杉浦重信
有田の窯業から見た古九谷
……………………村上伸之
18世紀における肥前磁器の銘款について………………大橋康二
写真による陶磁器の実測
……………………今津節生
遼東半島積石墓………千葉基次
明代墓葬出土の俑………金沢　陽
史跡「川尻石器時代遺跡」の調査報告…三上次男・吉田章一郎・
　　　　　　田村晃一・金井安子

◆考古学雑誌　第73巻第3号　日本考古学会（東京都台東区上野公園　東京国立博物館内）1988年2

月　Ｂ５判　128頁
台形様石器研究序論……佐藤宏之
景初四年銘鏡私考………近藤喬一
メソポタミアにおけるウバイド期の建築………松本　健
古代赤色顔料について
　………見城敏子・浅井俊雄
◆東京国立博物館紀要　第23号
東京国立博物館（東京都台東区上野公園13-9)1988年3月　Ｂ５判312頁
古代東アジアの盛矢具
　………早乙女雅博
◆史誌　第28号　大田区史編纂室
（東京都大田区南馬込1-53-1)1988年1月　Ａ５判　132頁
大田区における考古学研究（1）
　………関　俊彦
多摩川台円墳群をめぐって
　………吉田　格
古墳関連碑文考………池上　悟
◆紀要　1　長野県埋蔵文化財センター（長野市篠ノ井布施高田字佃963-4）1988年3月　Ｂ５判75頁
梨久保式土器再考………三上徹也
五領ヶ台式土器から勝坂式土器へ
　………寺内隆夫
埋甕と境界性について……百瀬忠幸
凹石研究のために………野村一寿
◆石川考古学研究会々誌　第31号
石川考古学研究会（金沢市米泉町4-133 石川県埋蔵文化財センター内）1988年3月　Ｂ５判139頁
平面プラン・体積にみる雨の宮1・2号墳………藤井明夫
能登半島の土器製塩……橋本澄夫
三小牛サコヤマ遺跡の「和銅開珎」について………芝田　悟
小松丘陵窯跡群分布調査報告Ⅰ
　小松高等学校地歴部・近間　強
机島第1号墳の測量調査の記録と成果………善端　直
◆古代文化　第40巻第1号　古代学協会　1988年1月　Ｂ５判48頁
来し方の記（3）………八幡一郎
◆古代文化　第40巻第2号　1988年2月　Ｂ５判　48頁
象徴考古学への懸念……穴沢咊光
韓国慶尚道陶質土器の地域相研究
　………郭　鍾喆

◆古代文化　第40巻第3号　1988年3月　Ｂ５判　48頁
集安出土の高句麗瓦当とその年代
　………林　至徳・耿　鉄華
宇部台地における旧石器時代遺跡（7）…山口県旧石器文化研究会
来し方の記（4）………八幡一郎
◆考古学等資料室紀要　第5号
関西大学考古学等資料室（吹田市山手町3-3-35）1988年3月Ｂ５判　167頁
舎衛城と祇園精舎………網干善教
赤膚焼一奥田木白の陶法書
　………高橋隆博
銅鐸の復元………合田茂伸
銘文からみた銅鏡の製作
　………千歳竜彦
挂甲の基礎的考察………清水和明
石器から鉄器へ………千喜良淳
◆古代学研究　第116号　古代学研究会　1988年3月　Ｂ５判　38頁
考古学の研究対象に認められる地震の痕跡………寒川　旭
大阪府久宝寺・加美遺跡の古式土師器の土器胎土に関する2・3の問題………一瀬和夫
古代学を試掘する6……森　浩一
◆古代を考える　47『古代日向の検討』古代を考える会　1988年3月　Ｂ５判　60頁
西都原古墳文化と日向……日高正晴
大和王権と日向の豪族……井上辰雄
◆天理大学学報　第157輯　天理大学学術研究会（天理市杣之内町1050）1988年2月　Ａ５判　437頁
古式土師器研究………置田雅昭
布留遺跡豊井地区出土の初期須恵器をめぐって………竹谷俊夫
布留遺跡出土の古墳時代製塩土器
　………高野政昭
群集墳と集落に関する一考察
　………日野　宏
天理市岩屋谷の古墓をめぐって
　………山内紀嗣
中世末期における居館の様相
　………太田三喜
遺跡における花粉群集の基礎的問題について………金原正明
天理参考館所蔵のペルシア三耳壺について………巽　善信

◆考古学研究　第34巻第4号　考古学研究会　1988年3月　Ａ５判132頁
テフラおよびテフラ性土壌の堆積機構とテフロクロノロジー
　………早津賢二
竪穴住居に住む人々……大村　直
琉球一沖縄の考古学的時代区分をめぐる諸問題（下）……安里　進
大王墓の系譜とその特質（下）
　………広瀬和雄
骨からみた西アジア・ヨーロッパの家畜の歴史…Ａ・Ｔクラソン
　松井　章訳
第33回総会研究報告「考古学における時代区分・時期区分」の問題点について………近藤義郎
前期古墳の竪穴式石室石材と長持形石棺………宮本繁雄
◆研究報告　第12集　福岡市立歴史資料館（福岡市中央区天神1-15-30）1988年3月　Ｂ５判58頁
玄海島の海底陶磁………塩屋勝利
◆古文化談叢　第19集　九州古文化研究会（北九州市小倉北区金田1-1-3）1988年2月　Ｂ５判244頁
百花台遺跡採集の石器資料について………杉村幸一
佐賀県安永田遺跡の石庖丁
　………武末純一
豊前京都郡・下所田原始墳墓の調査………小田富士雄・原口信行
　定村責二
福岡市下引地古墳出土の須恵器
　………中村　勝
北九州市域出土の緑釉陶器とその周辺………柴尾俊介
対馬・北部九州発見の新羅土器
　………小田富士雄
韓国・益山・平章里新出の青銅器
　………全　榮來
　小田富士雄・武末純一訳・解説
釜山久瑞洞出土の瓦質土器
　………申　敬澈　武末純一訳
高句麗壁画古墳の星図に関する研究………リ・ジュンコル
　千田剛道訳
益山・新龍里百済土器窯址
　………全　榮來・緒方　泉訳
高麗貴族の組立式石棺とその線刻画研究…鄭　吉子・亀田修一訳

考古学界ニュース

編集部編

――――――――九州地方

百花台遺跡群から7万点の石器

昭和57年から長崎県教育委員会が発掘調査を続けている南高来郡国見町多比良の百花台遺跡群で、1万2千〜2万5千年前の各地層からナイフ形石器、台形様石器、尖頭器など7万点を越える遺物が発見された。石器が出土したのは地表から0.4〜1.7mの第Ⅲ〜Ⅶ層の5層（一部は6層）。Ⅵ層下部に約2万2千年前の始良Tn火山灰（AT）がある。Ⅶ層（2万2千〜2万5千年前）からはナイフ形石器を主体として台形様石器が、またⅥ層、Ⅴ層ではナイフ形石器が多様化し精巧化していく傾向が認められ、尖頭器、彫器、削器、石錐などが多数出土した。Ⅳ層では百花台型と名づけられた台形石器が集中してみつかった。石器は小型化の傾向で、ナイフ形石器については作りが粗雑になり退化している。さらにⅢ層ではナイフ形石器が極端に減り、細石器が登場してくることもわかった。石材は各時期を通じて黒曜石が半数以上を占め、安山岩がこれに次いでいる。最も石器が集中している百花台D遺跡では6つの層で合計127ヵ所のブロックがみつかり、完成品10点前後のまわり直径5mの範囲内に、チップが約4,000点も発見された。

弥生時代の橋？　八女市教育委員会が発掘調査を続けている市内本村の市立福島中学校の校庭で弥生時代中期の橋ともみられる木造構築物が発見された。この構築物は東西に流れる河川跡と直角に交差しており、長さは川幅とほぼ同じ約20m、幅は50〜60cm。太さ約10cmの丸太材十数本が並び、垂直に打ち込まれた50本以上の棒杭で固定されている。この周辺から木製の盤1点と縄文時代晩期から弥生時代中期へかけての土器破片が出土し、構築物は少なくとも弥生時代中期以前のものと推定された。木材の一部には先端を焼いて防腐処理したものもあり、竪穴住居の建材に共通していることから、古くなった家屋を流用したとみられる。川が流れていたのは間違いないことから、橋との見方が強い。

住居跡内に排水溝　福岡県遠賀郡岡垣町糠塚の友田遺跡で、岡垣町教育委員会による発掘調査が行なわれ、屋内に排水溝を備えた古墳時代の住居跡が発見された。現場では昨年第一区で6世紀中ごろから終末にかけての住居跡22軒、さらに本年第二区の調査で約30m南から6世紀前半〜中ごろにかけての住居跡7軒と高床式倉庫15棟、墓2基を発見した。排水溝がみつかったのは第二区の住居跡の1つで、他より一段大きく（一辺5m）、西壁にカマドを備え、高坏5点と炭化米の入った壺がみつかった。排水溝は屋内のほぼ中央を斜めに走り、周囲を巡る側溝とつながり、住居の外へ流れ出るようになっている。溝の深さは約20cmで、水が流れるように傾斜がついていた。この住居跡からは炭化木材がみつかり火事で焼けたものらしい。住居跡の上に倉庫跡が重なって発見されたことから、火事で焼けたため第一区に引越し、その跡に倉庫を建てたとみられる。

――――――――中国地方

弥生前期の人面土製品　山口県埋蔵文化財センターが発掘調査を進めている下関市綾羅木の綾羅木郷台地遺跡（明神地区）で袋状竪穴の中から弥生時代前期の人面土製品が発見された。袋状竪穴は直径約2m、深さ約1.5mで、前期末の壺1点と男根形土製品（同遺跡で34例目）と一緒に出土した。人面土製品は直径4cm、長さ8.7cmの棒状で、上部は頭と人の顔を表現しているが、下部は欠けているため何にとりつけられていたのかはっきりしない。鼻は高く大きく、耳は小さな穴があけてあって、左右の頬に同心円状の入墨が施してあるのが特徴的。これに似たものとしては岡山・百間川遺跡の人面土製品、鹿児島・山の口遺跡の岩偶などがあるがいずれも中期以降のもので、前期の遺物としては初めての例。

後期旧石器時代前半の石器　旧石器時代から縄文時代の原産地遺跡として知られる広島県佐伯郡吉和村の冠遺跡群で2万2千年以前の後期旧石器時代前半の石器が発見された。現場は吉和村吉和西の冠山（1,339m）中腹に広がる冠遺跡群の一角で、広島県埋蔵文化財調査センターが調査を行なった結果、地下1.5mから帯状に広がった2万2千年前の始良丹沢火山灰の堆積層（厚さ約30cm）を発見、その下約20〜30cmの間層を挟んで不定形剥片に二次加工を加えた大小の石器約1,000点が出土した。さらに火山灰層の直上からは小型のナイフ形石器・角錐状石器など約3,000点の石器とともに大型のナイフ形石器4点（最大長18cm）と礫群や炭化物などもみつかった。

新たに木簡23点　大田市教育委員会が第二次発掘調査を進めていた市内水上町の白坏（しろつき）遺跡で新たに荷札や習書簡とみられる木簡23点が発見され、一次調査の3点と併せ合計26点となった。同遺跡は標高240mの丘陵地にあり、6〜16世紀の複合遺跡。遺構として川の岸辺とみられる跡や掘立て柱建物跡5棟、不ぞろいの柱穴200ヵ所のほか溝が建物の間を走っているのがみつかった。木簡が出土したのは川の岸辺跡と

■考古学界ニュース■

みられる部分で，荷札簡2点，習書簡1点その他不明20点の計23点で，文字がわかるものとしては「止知一斛　尚世名」「小豆」「小豆六斗」「小月」「長」「縣主」「□賜而□□」「□□稲□」などがあった。また坏，甕などの須恵器，土師器や下駄，曲げ物，鍬や織機部品などの木製品多数が出土，須恵器坏の中には「若杖□□」というヘラ書き，「大」と記した墨書土器もみつかった。

顔に入れ墨の弥生土偶　顔に入れ墨の線刻をもった弥生時代後期末～古墳時代初頭の土偶が岡山市津寺の津寺遺跡で発見された。遺跡は足守川左岸の市立加茂小学校内にあり，校舎の改築に伴って岡山市教育委員会が発掘を続けていた。これまでに弥生時代後期の竪穴住居跡10数軒をはじめ，古墳時代のカマド付竪穴住居跡60軒などが確認された。弥生土偶は遺跡のほぼ中央を南北に走る幅3mの溝から発見されたもので，高さ3.5cm，頭の幅4cmで，首から下の部分は失なわれている。目を中心に竹櫛で幾本も入れ墨の線を描いており，『魏志倭人伝』の記載を裏づける資料といえる。

─────────四国地方

平安時代の官衙跡　高知県教育委員会と香美郡野市町教育委員会が合同で調査を進めている野市町中ノ村の曾我遺跡で，平安時代の官衙とみられる建物跡と当時の木製品などがみつかった。建物跡の柱穴は一辺が70～120cmの方形をしており，ほぼ同一の場所に6度以上建て替えられたとみられる。確認された建物跡8棟は同一方向を向いており規格性を保っている。柱穴の中には刃物で面とりされた柱根もみつかった。さらに緑釉陶器や須恵器の蓋を硯として転用したものも出土したことから，

官衙関連の建物であろうとみられる。また遺構全体からみると9世紀から11世紀まで連続して使用された跡がうかがえる。そのほか井戸跡付近からは人形，柱穴からは地鎮のためとみられる桃の種が出土した。

中村市で七星剣を発見　中村市初崎の一宮（いっく）神社に伝わる神宝の鉄剣が日本で5例目という貴重な七星剣であることがわかった。これは中村市教育委員会が元興寺文化財研究所に錆止めなどの保存処理を依頼，X線調査の段階で銀象嵌がみつかったもの。七星剣は長さ81.8cm，最大幅3.6cmで，表裏に稜線の鎬のある両刃の剣。星座の文様は剣先のやや下に正三角形状に星を配した三星が，その下の剣身の両面には北天に輝く北斗七星が象嵌されており，星は小さな円で表わされ，それぞれを細い線で結んでいる。七星剣は大阪・四天王寺（国宝），奈良・正倉院，同法隆寺（金銅製）と山形県の上杉神社にあり，上杉神社を除くといずれも飛鳥時代の遺品。

─────────近畿地方

5世紀の船の埴輪　大阪市平野区長吉長原2丁目の長原遺跡にある中期の円墳から，大型の船形埴輪が出土した。この埴輪は直径21mの古墳の周溝からみつかったもので，全長128.5cm，幅28cm，高さは最高で35cm。丸木舟の上に舷側板をたてた準構造で，軸，艫ともに同じ形で前，後部に甲板が設けられている。また中央にはオールをかけたとみられる突起が両舷に4つずつあった。このモデルとなった船は全長15m前後で20～30トン級の船とみられ，50～60人が楽に乗れたとみられる。例えば八尾市久宝寺遺跡では58年秋に同様の構造の船の一部がみつかっており，こうした船をモデルに埴輪

が作られたらしい。同時代には文献などに大陸との盛んな交流が認められるが，大陸に渡った船は，この埴輪のような準構造船だった可能性が強いとみられる。

豊臣大坂城天守台の石垣　1615年の大坂夏の陣で落城，焼失した豊臣秀吉築城の大坂城本丸天守台の石垣遺構が現大阪城天守閣の北東側から発見された。東京の中井家に伝わる古絵図「豊臣時代大坂城本丸図」に基づいて大阪市経済局（大阪城天守閣）が発掘した結果，絵図通りの位置から確認されたもので，当時の天守台の北西隅に当たる。さる54年のボーリング調査では今回の発掘現場の東側から天守台の北東隅とみられる石垣の一部が出土しており，この結果天守台は東西およそ33m，南北およそ31.5mと推定された。現場からは大小3個の石を積み上げた野面積みの遺構が出土したが，石はいずれも花崗岩で，全体は不明なものの最も大きな石は1.0×0.8mある。また石垣の内側に詰めたとみられる栗石も発見された。現在復興天守閣が建っている徳川時代の天守は，豊臣時代の天守台の石垣上部を崩し，埋め立てて本丸として整地し，それまでの天守閣から南西約100mのところに新しく築かれたことがわかった。

古墳時代の倉の扉　大東市の北新町遺跡で北新町遺跡調査会による発掘調査が行なわれ，倉庫の扉装置一式が出土した。これは90×120cm，深さ1.8mの井戸跡から井筒に転用された板扉（幅40cm，高さ1.4m）1対のほか，鴨居や壁板，柱が一式出土したもので，材質はこれまでに例の少ないモミ材だった。扉は観音開きで閉める際には扉の端が重なるように合わせ部分を削っており，かんぬきの装置もついていた。井戸跡の北側30mには先に古墳時代前期末から中

発掘調査

期前半にかけての一辺0.6〜1mの柱掘り方と径33cm以上の柱根が遺存した高床式の倉庫3棟が出土しており，今回発見された扉装置と密接な関連をもつ遺構と考えられる。現場は古代河内湖のほとりとみられ，T.P（東京湾平均水位を0mとする値）4〜5mほどの低湿地のため保存がよかったらしい。

5世紀の鉄器2,000点 藤井寺市教育委員会が発掘調査をしていた市内青山1丁目の西墓山古墳で刀，剣など約200点の鉄製武器とクワ，のみなど2,000点を超える鉄製農工具が出土した。鉄器類は古墳中央に東西に並ぶ2列の施設（ともに長さ約6m，幅60〜80cm）に整然と埋納されていた。東側の列からは，刀，剣，槍先など約200点，西側の列には，鎌，斧，鉇など2,000点を超える鉄製農工具が埋納されていた。西側の列には，鉄製農工具とともに，鉄製の斧などを模した石製模造品が含まれていた。西墓山古墳はすでに墳丘の大半を失なっていたが，一辺19mの方墳と推定され，円筒埴輪列，葺石の墓底石を遺存していた。西墓山古墳は，副葬品を納めた陪塚と推定される。主墳としては，共通した特徴を持つ円筒埴輪を使用し，西墓山古墳の東に隣接する墳丘長225mの前方後円墳・墓山古墳が推定されよう。

古墳後期の円筒棺 富田林市教育委員会が発掘調査を行なっている富田林市錦織の錦織（にしこおり）遺跡で古墳時代後期の円筒棺2基が発見された。これは円筒埴輪を転用したもので，約3m離れて東西に向いて並んでいた。円筒棺は長さ1.3mと0.9mで，小型の棺の周囲は直径30〜45cmの河原石10個で囲むという珍しい構造であった。また大型の棺は製作年代が5世紀中葉，末葉，6世紀前半の3つの円筒埴輪をつなぎ合わせ

た形で，副葬品の須恵器坏から6世紀中ごろに埋葬が行なわれたらしい。北に隣接して古墳時代中期の川西古墳があり，この古墳の被葬者との関係がうかがわれる。

「宮殿」の墨書土器 守山市教育委員会が発掘調査を進めている守山市川田町の川田川原田遺跡で「宮殿」と墨書された8世紀中ごろの土器が出土し，『続日本紀』にある聖武天皇が美濃への行幸の際に野洲郡に宿泊したという記載内容から同天皇の行宮跡でないかとみられている。建物跡などの発見はなかったが，幅7〜8m，深さ1.5mの溝が南北約20mにわたって発見され，この溝の中から墨書土器が出土した。直径15cmの須恵器坏で半分は欠けている。同じ場所からは「倉向殿」「門人」「寺」などの文字が墨書された22点の土器や「稲一束必令特今」と記された木簡なども出土した。

───────中部地方

弥生後期の木製琴と盾 浅野川と犀川によって形成された沖積平野に立地する西念・南新保遺跡（金沢市西念町・南新保町）の集落を囲む幅10mの河川跡から弥生時代後期の琴と盾とみられる木製品が発見された。琴は長さ158cm，幅28〜24cm，厚さ1.3cmの板目材の一枚板でできており，琴尾には弦を掛ける突起が4本残っているが，もとは6本あったと推測される。裏面に共鳴させる箱をとりつけるための溝があることから槽作りに属する琴とみられている。また盾とみられる木製品は長さ142cm，幅20.5cm，厚さ2cmの一枚板で，表裏両面に直径13〜14cmの渦巻型の連続文様が彫り込まれていた。中央に2つの穴があいており，両面に赤い顔料が残っていた。同じ河川跡からはこれまで鉄剣や朱塗土器などが出土してお

り，水の祭祀が行なわれた場所とみられている。

弥生の環濠集落 山梨県西八代郡三珠町教育委員会が発掘調査していた三珠町上野の上野遺跡で弥生時代後期の環濠集落がみつかった。現場は曽根丘陵の南端に当たり，これまで縄文〜古墳時代の住居跡16軒，方形周溝墓3基，円形周溝墓1基，中世〜近世の木棺墓15基などが発見されている。環濠は二重構造で，南側は幅2〜3m，深さ約1.2m，北側は深さは同じだが幅は2m前後とやや小規模。2本の間は15m程度離れている。この環濠に囲まれて弥生時代後期の竪穴住居跡10軒がみつかったが，うち数軒は他の住居跡と重複または極端に接近していることから時期は異なるとみられる。また方形周溝墓の溝内からみつかった8点の供献土器のうち1点はほぼ完形のパレススタイル式土器だった。

───────関東地方

横穴墓から大ガメなど 千葉県長生郡長柄町の依頼をうけた茂原市文化財センターが調査を行なっている長柄町千代丸の千代丸横穴墓群で大ガメを中心とした副葬品が発見された。長柄町は横穴墓の分布が密ですでに400基が確認されているが，千代丸横穴墓群を含む地域がゴルフ場予定地となったため，緊急調査が行なわれた。同横穴墓群は標高60〜70mの丘陵部に位置しており，これまでに39基が確認された。このうちの1基（26号墓）の墓前域から大ガメ2個体，横瓶2個体，坏，長頸壺，甑，小玉2点などが発見された。時期は7世紀の中頃から8世紀中ごろと推定されている。

竜角寺古墳群から大量の埴輪
113基の古墳が集中する千葉県印旛郡栄町の竜角寺古墳群の第101号古墳から武人や動物，家などの

101

■考古学界ニュース■

埴輪多数がみつかった。同古墳群は性格など不明な点が多いため、59年度から千葉県教育委員会と県立房総風土記の丘が発掘調査をしていたもので、第101号古墳は直径24.1m、高さ3.6mの小規模な円墳（6世紀前半）。北東部の一部が後に改造されて、帆立貝形の造り出しが設けられたが、この部分を中心に形象埴輪がまとまって出土した。埴輪は西から東へ向かって馬3、家形1、女性13・男性1、盾を持つ武人4、水鳥2・犬2・鹿1・猪1の順（動物埴輪の順序は不明）に並んでいた。また墳丘を巡って42cmほどの間隔で円筒埴輪約30本が出土した。さらに同墳には埋葬施設が4基あり、木棺直葬1基のほかは箱形石棺。このうち東南の第3主体部からは小児、幼児各1体を含む人骨8体がみつかり、金環・直刀・刀子が副葬されていた。

5世紀半ばの冑 茨城県真壁郡真壁町教育委員会は町内椎尾の北椎尾天神塚古墳（仮称）を発掘調査していたが、冑や鉄剣など多くの副葬品を発見した。同墳は直径37m、高さ4mで、円墳か帆立貝式古墳かは判然としない。主体部は木棺とみられる2基の埋葬施設で、西側主体部から冑・剣・鏃などが、東側主体部からも鉄剣・鉄鏃・石製模造品などが多く発見された。この冑は三角板革綴式衝角付冑とよばれるもので、冑の中でも古い形式で4世紀後半から5世紀前半のもの。頭頂部から後部にかけて4分の3程度残っていることから復元は可能とみられる。そのほか鉄剣や大刀類、ヒスイおよび滑石製の勾玉、鉄鏃、石製模造品など約90点が発見された。

縄文晩期の獣骨が大量出土 桶川市教育委員会が組織した東部遺跡群発掘調査会が第4次調査を進めていた桶川市加納の後谷（うし

ろや）遺跡で木製品や獣骨が大量に発見された。発掘面積は1万3千m²あり、IA区から重複する縄文時代中期の住居跡2軒が出土、またIB区から出土した木製品には弓、棒状、板状などがあり、イノシシ、シカの顎骨やトチ、クルミ、クリの実などが割れた状態で集中的に出土している。また大量の土器とともに耳に木栓をしたミミズク形土偶や上半部のみ残存した遮光器土偶、土版なども出土した。IB区の時期は縄文時代晩期とみられるが、当時の食糧資源を考える上で貴重な遺跡とみられる。さらにII区では後期の炉址が15基ほど検出された。

―――――――――東北地方

奈良時代の墳墓群 岩手県文化振興事業団埋蔵文化財センターが発掘調査を行なっている宮古市千徳字長根の長根I遺跡で古墳時代末から奈良時代の墳墓28基が確認された。同遺跡は閉伊川左岸の山の尾根（標高30〜47m）上にあり、付近から奈良・平安時代の住居跡が発見されたため長根I遺跡も集落跡とみられていた。しかし、長さ2.2〜2.5mの長方形の主体部を持ち、半径4〜6mの溝が巡る古墳28基が検出され、古墳時代末から奈良時代にかけての群集墳であることが確認された。さらに副葬品としては蕨手刀（長さ50.4cm）、直刀（70.0cm）、太刀（66.7cm）、立鼓刀（62.1cm）各1振、ガラス玉約200点、水晶製の切子玉1点、和同開珎1点、土師器、須恵器、鉄製刀子、鉄製鎌などが出土した。

―――――――――北海道

縄文早期の住居跡 帯広市八千代町基線194の八千代A遺跡で縄文時代早期の住居跡3軒が新たにみつかり、これまでの調査を通して縄文早期（約8,000年前）の住居

跡103軒、土坑85基などが発見された。同遺跡の発掘は帯広市教育委員会が昭和60年度から4年計画で進めており、本年が最終年度。発見された住居跡のうち1軒は直径が8mもある大きなもので、炉を伴っていないことから倉庫などの可能性もある。残る2軒は直径4〜5mほどで平均的な大きさ。住居跡の周辺から土器・石器片など700〜800点が発見された。とくにメノウ製のスクレーパー1点がみつかったことで注目されている。

―――――学会・研究会・その他

東野治之氏に浜田青陵賞 科学的な日本考古学の祖とされる浜田耕作（号・青陵、1881〜1938）の没後50周年を記念して、出身地の大阪府岸和田市と朝日新聞社により「浜田青陵賞」が創設され、第1回の受賞者に東野治之大阪大学助教授が選ばれた。東野氏は日本古代史専攻。大阪市立大学文学部卒業。奈良国立文化財研究所、奈良大学助教授を経て現職。著書に『正倉院文書と木簡の研究』『日本古代木簡の研究』『木簡が語る日本の古代』などがある。

市川で「下総国分寺の瓦」展 市立市川考古博物館（市川市北国分町2932―1）では10月2日より11月27日まで企画展「下総国分寺の瓦」を開催中である。同展は市川をはじめ下総国内から出土した下総国分寺の瓦約100点を展示して古代下総国の情況と国分寺の瓦のもつ意義について考えるもので、期間中次の考古学講座も開かれる。

濱島正士：瓦葺き建物の出現とその意義（10月16日）

大川　清：瓦の作り方（11月13日）

「兵庫の名宝」展 兵庫県立歴史博物館（姫路市本町68）で10月8日より11月27日まで特別展「兵

学会・研究会・その他

庫の名宝」が開かれている。
山形考古学会第32回研究大会
7月9日, 10日の両日, 山形県立博物館などを会場に開催された。大会テーマは「縄文文化をめぐる諸問題―変革と集落」。
<基調講演>
　加藤　稔：近年の山形考古学界の研究動向
<シンポジウム>
　佐々木洋治司会：縄文文化をめぐる諸問題

北奥古代文化研究会第19回大会
8月27日, 28日の両日, 岩手県平泉町の平泉郷土館を会場に開催された。講演と研究発表は以下の通り。
新野直吉：蝦夷と平泉
佐々木邦世：平泉関係文書について
本沢慎輔：平泉の埋蔵文化財における課題

<u>清水潤三氏</u>（慶応義塾大学名誉教授, 常磐大学教授）　7月30日, 脳梗塞のため東京・町田市の自宅で死去された。72歳。氏は大正5年生まれ。慶応義塾大学文学部国史学科卒業。慶応義塾大学文学部助手, 助教授から教授を歴任。主な著書・論文に『亀ヶ岡遺跡』『加茂遺跡』（共）『考古学ノート3―原史時代Ⅰ』（共）「舟　航」（新版考古学講座9）などがある。

陶片に書かれた調納文書
―福岡県牛頸窯跡群出土―

牛頸窯跡群中の1支群であるハセムシ窯跡群から, 調に関する文字を刻んだ須恵器片が出土した。ハセムシ窯跡群の調査は, 団地造成に先だって, 昭和62年7月から大谷女子大学中村浩先生の応援を得て大野城市教育委員会が進めている。須恵器片はNo.12地点で出土したが, そこでは10基の窯跡があった。灰原中の出土であるが, 各灰原は重なり合っており, 出土状態から窯跡は特定できないが, 甕を焼いたのは大型の窯であるⅤまたはⅨ号窯跡である。

破片は甕片11, 杯蓋片2の13片である。後者には外面にヘラ状のもので「太田」と刻んであり, 甕片に刻まれたものと内容が違うようである。甕片はすべて口頸部で, いくつかを上げれば, 以下のようになる。

(1)　筑前国奈珂
　　　郡手東里
　　　＿＿＿呂
　　　＿＿＿工
　　　＿＿＿乎万呂
　　　＿＿＿三人奉
　　　＿＿＿䫂一俣
　　　＿＿＿年＿＿

(2)　筑紫前国＿＿＿
　　　手東里大神＿

(3)　＿＿＿年調大䫂一＿＿＿

(4)　＿＿＿䫂一俣和銅六年

「国郡里」の表記が見え, 715年里が郷と改称される以前であることを示し, 和銅（708～714年）の年号と合う。また, 3人で大甕一口は『延喜式』主計条と符号する。通常ならば付札として木簡に記される内容である。なお, 手東里は現在のどこに当たるかまだ特定できていない。さらに「俣」は単位を示すものと思われるが, まだ不明である。

和銅6年の製作となれば, 須恵器の絶対年代を知る好資料となるが, 前述したように灰原出土品で焼いた窯跡を特定できていない。しかし, Ⅴ号窯跡かⅨ号窯跡にまちがいはないので, 今後の整理作業によっては窯跡を特定でき, 共伴器種も明確になる可能性がある。

最後に, 調査に当たっては中村浩先生, 並びに学生諸氏, 文字の解釈に際しては九州歴史資料館倉住靖彦氏に多大な援助を受けたことを感謝するしだいです。　　（舟山良一）

■第26号予告■

特集　戦国考古学のイメージ

1989 年 1 月 25 日発売
総 112 頁　1,800 円

戦国考古学の構想……………………坂詰秀一
戦国考古学の視点
　戦国史研究における考古学の役割
　………………………………小和田哲男
　戦国都市の考古学的調査………水野和雄
　戦国城館跡研究の問題点………橋口定志
戦国城館跡の発掘
　大坂城（摂津）………………長山雅一
　清洲城（尾張）………………遠藤才文
　小田原城（相模）……………諏訪間　順
　八王子城（武蔵）……………新藤康夫
　武田氏関係城（甲斐）………萩原三雄
　郡山城（安芸）………………小都　隆
　安岐城（豊後）………玉永光洋・小林昭彦

浪岡城（陸奥）………………………工藤清泰
戦国時代の生活と経済
　舶載陶磁器…………………………亀井明徳
　文房具………………………………水野和雄
　渡来銭とその背景…………………是光吉基
戦国時代の信仰
　供養塔と納骨………………………藤沢典彦
　一字一石経の世界…………………岡本桂典
＜連載講座＞　日本旧石器時代史
　特別対談・旧石器時代から縄文時代へ(2)
　………………………岡村道雄・林　謙作
＜調査報告＞＜書評＞＜論文展望＞
＜報告書・会誌新刊一覧＞＜考古学界ニュース＞

編集室より

◆漁撈は海国日本にとって原初から人々を守る重要な一面を担っていたであろうことは，素人にとっても想像に難くありません。そしてまた連続しあう四海のなかにあるから，他地域との交流もあるであろうことは容易に推察できます。またその漁具を通して集団の意識にかかわる装飾や造型もみられるかも知れません。とにかく，全国を隈なく網羅したのは本誌をもってしてはじめてとはいえないでしょうか。個別的特色と全体性とのかかわりをみながら，ご利用いただければ幸いです。　　　　　（芳賀）

◆本号には全国各地域の特色ある漁具・漁法にスポットをあてて，最新の資料を用いて執筆していただいた。漁業の考古学的研究は他の分野に比べまだこれからというふうに感じられるが，原稿を拝見して，捕獲対象魚の検討などきめ細かい研究にまで至ってきていることは注目されてよい。と同時に，魚種に合わせた漁具を作り出した古代人の巧みな技術にも感嘆させられるのである。縄文や弥生の漁具・漁法には近代・現代に通じるものが少なくない。そうした比較からも多くの解決点，さらに新たな研究課題が生み出されていくのであろう。　（宮島）

本号の編集協力者――渡辺　誠（名古屋大学助教授）

1938年福島県生まれ。慶応義塾大学卒業。「縄文時代の漁業」「縄文時代の植物食」「縄文時代の知識」「装身具と骨角製漁具の知識」（共）などの著書がある。

■本号の表紙■
捕鯨船の銛と縄文時代の銛

　表紙のはなれ銛は，捕鯨船のキャッチャーボートで最近まで使われていたものであり，韓国の釜山水産大学校博物館の前に展示されているものである。日本国内でも各地に類似資料をみることができる。北アジアより南下した回転式離頭銛が数度の形態変化の後に，縄文時代後期末にできあがったのがこの燕形である。一緒に示した鹿角製燕形のはなれ銛は，宮城県石巻市沼津貝塚の出土品である。この縄文のスタイルの銛は古墳時代には鉄製品化し，近代では火薬で発射され，さらに南氷洋にまで南下しているのである。（沼津貝塚出土銛は東北大学考古学研究室蔵）

（渡辺　誠）

▶本誌直接購読のご案内◀

『季刊考古学』は一般書店の店頭で販売しております。なるべくお近くの書店で予約購読なさることをおすすめしますが，とくに手に入りにくいときには当社へ直接お申し込み下さい。その場合，1年分の代金（4冊，送料は当社負担）を郵便振替（東京3-1685）または現金書留にて，住所，氏名および『季刊考古学』第何号より第何号までと明記の上当社営業部までご送金下さい。

季刊 考古学　第25号　　　1988年11月1日発行
ARCHAEOLOGY　QUARTERLY　　定価 1,800 円

編集人　芳賀章内
発行人　長坂一雄
印刷所　新日本印刷株式会社
発行所　雄山閣出版株式会社
　　　　〒102　東京都千代田区富士見 2-6-9
　　　　電話　03-262-3231　　振替　東京 3-1685
（1988年1月より1年半の間は次の住所です。〒162　東京都新宿区白銀町20）
　　ISBN 4-639-00777-9　printed in Japan

季刊 考古学 オンデマンド版　第 25 号　1988 年 11 月 1 日　初版発行
ARCHAEOROGY　QUARTERLY　　　　　2018 年 6 月 10 日　オンデマンド版発行
　　　　　　　　　　　　　　　　　　　　定価（**本体 2,400 円＋税**）

　　　　　　編集人　　芳賀章内
　　　　　　発行人　　宮田哲男
　　　　　　印刷所　　石川特殊特急製本株式会社
　　　　　　発行所　　株式会社　雄山閣　http://www.yuzankaku.co.jp
　　　　　　　　　　　〒102-0071　東京都千代田区富士見 2-6-9
　　　　　　　　　　　電話 03-3262-3231　FAX 03-3262-6938　振替　00130-5-1685

◆本誌記事の無断転載は固くおことわりします　　ISBN 978-4-639-13025-3　Printed in Japan

初期バックナンバー、待望の復刻 !!
季刊 考古学 OD　創刊号〜第 50 号〈第一期〉
全 50 冊セット定価（本体 120,000 円＋税）　セット ISBN：978-4-639-10532-9
各巻分売可　各巻定価（本体 2,400 円＋税）

号　数	刊行年	特　集　名	編　者	ISBN（978-4-639-）
創刊号	1982 年 10 月	縄文人は何を食べたか	渡辺 誠	13001-7
第 2 号	1983 年 1 月	神々と仏を考古学する	坂詰 秀一	13002-4
第 3 号	1983 年 4 月	古墳の謎を解剖する	大塚 初重	13003-1
第 4 号	1983 年 7 月	日本旧石器人の生活と技術	加藤 晋平	13004-8
第 5 号	1983 年 10 月	装身の考古学	町田 章・春成 秀爾	13005-5
第 6 号	1984 年 1 月	邪馬台国を考古学する	西谷 正	13006-2
第 7 号	1984 年 4 月	縄文人のムラとくらし	林 謙作	13007-9
第 8 号	1984 年 7 月	古代日本の鉄を科学する	佐々木 稔	13008-6
第 9 号	1984 年 10 月	墳墓の形態とその思想	坂詰 秀一	13009-3
第 10 号	1985 年 1 月	古墳の編年を総括する	石野 博信	13010-9
第 11 号	1985 年 4 月	動物の骨が語る世界	金子 浩昌	13011-6
第 12 号	1985 年 7 月	縄文時代のものと文化の交流	戸沢 充則	13012-3
第 13 号	1985 年 10 月	江戸時代を掘る	加藤 晋平・古泉 弘	13013-0
第 14 号	1986 年 1 月	弥生人は何を食べたか	甲元 真之	13014-7
第 15 号	1986 年 4 月	日本海をめぐる環境と考古学	安田 喜憲	13015-4
第 16 号	1986 年 7 月	古墳時代の社会と変革	岩崎 卓也	13016-1
第 17 号	1986 年 10 月	縄文土器の編年	小林 達雄	13017-8
第 18 号	1987 年 1 月	考古学と出土文字	坂詰 秀一	13018-5
第 19 号	1987 年 4 月	弥生土器は語る	工楽 善通	13019-2
第 20 号	1987 年 7 月	埴輪をめぐる古墳社会	水野 正好	13020-8
第 21 号	1987 年 10 月	縄文文化の地域性	林 謙作	13021-5
第 22 号	1988 年 1 月	古代の都城―飛鳥から平安京まで	町田 章	13022-2
第 23 号	1988 年 4 月	縄文と弥生を比較する	乙益 重隆	13023-9
第 24 号	1988 年 7 月	土器からよむ古墳社会	中村 浩・望月 幹夫	13024-6
第 25 号	1988 年 10 月	縄文・弥生の漁撈文化	渡辺 誠	13025-3
第 26 号	1989 年 1 月	戦国考古学のイメージ	坂詰 秀一	13026-0
第 27 号	1989 年 4 月	青銅器と弥生社会	西谷 正	13027-7
第 28 号	1989 年 7 月	古墳には何が副葬されたか	泉森 皎	13028-4
第 29 号	1989 年 10 月	旧石器時代の東アジアと日本	加藤 晋平	13029-1
第 30 号	1990 年 1 月	縄文土偶の世界	小林 達雄	13030-7
第 31 号	1990 年 4 月	環濠集落とクニのおこり	原口 正三	13031-4
第 32 号	1990 年 7 月	古代の住居―縄文から古墳へ	宮本 長二郎・工楽 善通	13032-1
第 33 号	1990 年 10 月	古墳時代の日本と中国・朝鮮	岩崎 卓也・中山 清隆	13033-8
第 34 号	1991 年 1 月	古代仏教の考古学	坂詰 秀一・森 郁夫	13034-5
第 35 号	1991 年 4 月	石器と人類の歴史	戸沢 充則	13035-2
第 36 号	1991 年 7 月	古代の豪族居館	小笠原 好彦・阿部 義平	13036-9
第 37 号	1991 年 10 月	稲作農耕と弥生文化	工楽 善通	13037-6
第 38 号	1992 年 1 月	アジアのなかの縄文文化	西谷 正・木村 幾多郎	13038-3
第 39 号	1992 年 4 月	中世を考古学する	坂詰 秀一	13039-0
第 40 号	1992 年 7 月	古墳の形の謎を解く	石野 博信	13040-6
第 41 号	1992 年 10 月	貝塚が語る縄文文化	岡村 道雄	13041-3
第 42 号	1993 年 1 月	須恵器の編年とその時代	中村 浩	13042-0
第 43 号	1993 年 4 月	鏡の語る古代史	高倉 洋彰・車崎 正彦	13043-7
第 44 号	1993 年 7 月	縄文時代の家と集落	小林 達雄	13044-4
第 45 号	1993 年 10 月	横穴式石室の世界	河上 邦彦	13045-1
第 46 号	1994 年 1 月	古代の道と考古学	木下 良・坂詰 秀一	13046-8
第 47 号	1994 年 4 月	先史時代の木工文化	工楽 善通・黒崎 直	13047-5
第 48 号	1994 年 7 月	縄文社会と土器	小林 達雄	13048-2
第 49 号	1994 年 10 月	平安京跡発掘	江谷 寛・坂詰 秀一	13049-9
第 50 号	1995 年 1 月	縄文時代の新展開	渡辺 誠	13050-5

※「季刊 考古学 OD」は初版を底本とし、広告頁のみを除いてその他は原本そのままに復刻しております。初版との内容の差違は
　ございません。

「季刊 考古学　OD」は全国の一般書店にて販売しております。なるべくお近くの書店でご注文なさることをおすすめしますが、とくに手に入り
にくいときには当社へ直接お申込みください。